*TEMAS DE ESPAÑA*

*Sección «Clásicos»*
a cargo de
José María Díez Borque

# 133

GARCILASO DE LA VEGA
Y SU ESCUELA POETICA

# GARCILASO DE LA VEGA Y SU ESCUELA POETICA

Estudio preliminar,
edición y notas
de
BERNARD GICOVATE

*taurus*

®

Cubierta
de
ROBERTO TURÉGANO

© 1983 de la Introducción, Bernardo GICOVATE
© 1983 de esta edición, TAURUS EDICIONES, S. A.
Príncipe de Vergara, 81, 1.º - MADRID-6
ISBN: 84-306-4133-5
Depósito legal: M. 34.654.—1983
PRINTED IN SPAIN

# ESTUDIO PRELIMINAR

## 1. Renovación poética

El siglo XVI supone probablemente el comienzo de la sensibilidad moderna en poesía, o al menos, para España. La poesía tradicional cancioneril, es cierto, nos atrae con el encanto de lo antiguo, los poetas cultos del siglo XV todavía mantienen nuestra atención, y hay ya en la literatura medieval mucho de lo que más preciamos en nuestro pensamiento actual. Y con todo, creemos que es la poesía del siglo XVI la que nos abre el espíritu a la sensibilidad y a la comprensión que estimamos nuestra. Y es que en este siglo una vena nueva que emana del Renacimiento italiano irrumpe en la vida literaria española y se funde con la poesía anterior.

Trae consigo esta revolución el redescubrimiento de la poesía latina y de la antigüedad griega. Y viene de Italia y parece novedad lo italiano, pero ya lo había conocido el siglo XV, que se dejó influir por la poesía de Dante y Petrarca y, además, tanto en este siglo como en los anteriores, no había faltado, por supuesto, la presencia de los clásicos en las escuelas y en la vida intelectual de España. Resulta, entonces, un poco más complicado y difícil aclarar lo que sucede en 1526 cuando Andrés Navagero, embajador italiano, le señala a Juan Boscán de Álmogáver (1492?-1542), en medio de las fiestas y los deleites de la Corte en Granada, un camino que cambia totalmente la trayectoria de la poesía castellana. Nos habla Boscán en su famosa carta a la Duquesa de Soma del momento mismo en el que comienza esta afortunada revolución:

Porque estando un día en Granada con el Navagero, al cual por haber sido varón tan celebrado en nuestros días he querido aquí nombralle a vuestra señoría, tratando con él en cosas de ingenio y de letras y especialmente en las variedades de muchas lenguas, me dijo por qué no probaba en lengua castellana sonetos y otras artes de trovas usadas por los buenos autores de Italia, y no solamente me lo dijo así livianamente, más aún me rogó que lo hiciese. Partime pocos días después para mi casa, y con la largueza y soledad del camino discurriendo por diversas cosas, fui a dar muchas veces en lo que el Navagero me había dicho. Y así comencé a tentar este género de verso, en el cual al principio hallé alguna dificultad por ser muy artificioso y tener muchas particularidades diferentes del nuestro. Pero después, pareciéndome quizá con el amor de las cosas propias que esto comenzaba a sucederme bien, fui poco a poco metiéndome con calor en ello. Mas esto no bastara a hacerme pasar muy adelante, si Garcilaso con su juicio, el cual no solamente en mi opinión, mas en la de todo el mundo, ha sido tenido por regla cierta, no me confirmara en esta mi demanda[1].

La decisión de Boscán, que va a compartir su amigo Garcilaso en los años siguientes, conven-

_____

[1] «A la Duquesa de Soma», en *Obras poéticas de Juan Boscán*, ed. Martín de Riquer, Antonio Comas y Joaquín Molas, Barcelona, Facultad de Filosofía y Letras, 1957, p. 89.

ce a los autores castellanos con extraordinaria rapidez, lo que indica que estaba bien preparado el terreno desde las décadas anteriores, puesto que no puede fructificar una influencia extranjera a menos que haya un campo fértil de interés para asimilarla. Es que el siglo anterior no había sido sólo época de desorden político y de batallas: las letras también habían participado en los conflictos. Lo medieval, tal como lo comprendemos a distancia, parece eclipsarse ante las lecturas de Dante, Petrarca y Boccaccio, de sus escritos italianos y latinos y de sus fuentes antiguas, respondiendo en esto la península a una situación general europea. Pero, al mismo tiempo, en contraste superficial quizá, ya que la vida que corre por debajo va a dar siempre al mismo mar, un tema muy antiguo encuentra nueva y acabada expresión en la *Danza de la muerte*, obra anónima, probablemente de origen francés, que es hoy testimonio de la permanencia del pasado medieval en la vida cambiante del siglo xv. El poema es solemne en su visión religiosa, en la cual los personajes de la vida española, eclesiásticos, nobles, moros y judíos, así como villanos y campesinos, se aterrorizan ante el inexorable fin. Sólo el humilde y resignado creyente puede aceptar la realidad de la muerte necesaria.

Ya en el siglo xv, y por supuesto en el xvi y los siguientes, esta permanencia de un centro de fe religiosa se enfrenta con una nueva afirmación de vida, un «énfasis en lo humano, en la dignidad y el lugar privilegiado del hombre en el universo» [2]. Tampoco constituye lo renacentista una absoluta novedad, puesto que el estudio de los clásicos había sido parte de la erudición conventual y, además, la lectura de

---

[2] Paul O. Kristeller, *Renaissance Thought*, Nueva York, Harper, 1961, p. 20.

Dante y de obras más recientes podía y solía enfocarse desde un punto de vista teológico durante el Renacimiento. Las creencias antiguas y las preocupaciones nuevas se juntan y se compenetran no sin conflictos y contradicciones, muchas veces en el mismo momento de creación artística. Enrique de Villena (1384-1434) es un buen ejemplo del intelectual de este momento variado y enigmático: noble, poeta y practicante de artes mágicas, primer traductor de la *Divina Comedia* y autor libertino y sensual que escribe un *Arte cisoria* y cuya colección de libros curiosos acaba en la hoguera.

En contraste con un pasado que empieza a perderse, los siglos xv y xvi presencian en Europa el comienzo de otras formas de pensar que atraen nuestro interés porque de muchas maneras son el presagio y el preludio de nuestros propios tiempos tempestuosos. En estos cambios renacentistas del siglo xvi juegan papel importante poetas del siglo anterior. Un poeta italiano radicado en Sevilla, Micer Francisco Imperial, importa las alegorías dantescas en su *Dezir de las siete virtudes*, en el cual la visión de las luchas entre virtudes y pecados termina con el despertar del poeta que tiene en sus manos la obra inmortal de Dante. En los muchos cancioneros del período se conserva la obra de estos poetas, juntando lo que era popular y tradicional con lo nuevo. Y es en el *Cancionero de Baena* donde encontramos parte de la obra de Imperial con su pesado y monótono verso de arte mayor de cuatro acentos necesarios y de unas doce sílabas que muy a menudo se convierten en once y que dan la vaga impresión de un endecasílabo posible o en germen. Este mismo verso pausado y solemne nos hace sentir más hondamente la frescura de los antiguos villancicos.

En la primera mitad del siglo, Iñigo López

de Mendoza, marqués de Santillana (1398-1458) intenta, por primera vez, la fusión de lo castellano y lo extranjero. Sus serranillas y villancicos tienen el encanto de lo popular y viejo, su *Comedieta de Ponza*, en cambio, lamenta en lentos versos la derrota de Ponza (1435) y profetiza grandes conquistas. Pero son sus *Sonetos fechos al itálico modo* los que nos indican mejor, hoy día, la presencia de esfuerzos, quizá prematuros, por conquistar las formas nuevas que sólo podrá perfeccionar el siglo siguiente [3], aunque ya se pueden ver en versos aislados del marqués rasgos de maestría.

Es durante este período cuando cambia bruscamente la relación del hombre culto europeo, y más precisamente español, con su herencia de la antigüedad clásica. Lo que se leía antes y lo que se lee ahora no es lo mismo, puesto que los descubrimientos y estudios de los humanistas italianos y españoles añaden manuscritos e interpretaciones. Pero esto es sólo secundario. Es la actitud la que cambia radicalmente. El medioevo atesoraba las obras maestras del pasado, las veneraba, pero las interpretaba de acuerdo con sus propias normas: las de la teología escolástica y de los conceptos caballerescos, agregando a ellas los principios de la ascética y los del amor cortés. Por un largo proceso de maduración, que parece completarse en las décadas finales del siglo XV y a principios del XVI, la mente moderna, misteriosamente, cree de pronto poder comprender el espíritu antiguo en toda su sencillez y profundidad, después de siglos de manejar sólo lo exterior y re-

---

[3] En Rafael LAPESA, *La obra literaria del marqués de Santillana*, Madrid, Insula, 1957, se estudia con precisión la manera en que Santillana incorpora, a través de Ausias March y Petrarca, las formas y las ideas nuevas, comienzo del futuro florecimiento de literatura renacentista.

petir de memoria palabras y sonidos cuyo significado parecía un misterio. De pronto «se ilumina el intelecto y puede al fin vivir en la luz y el sol de la "Antigüedad"»[4].

Derivan, por supuesto, el pensamiento y las doctrinas vitales y filosóficas de la época de los pensadores que la preceden, pero también se rehacen a la luz de la originalidad de nuevas lecturas y otras asociaciones. En este momento, la escolástica y el aristotelismo se transforman al enfrentarse con un resurgir de ideas platónicas. Nuevas disputas, sobre todo en las universidades italianas, acompañan el estudio, entre los seguidores de Petrarca, de los textos griegos de Platón. En Marsilio Ficino se funden la religiosidad medieval y la filosofía neoplatónica en una síntesis fructífera[5]. Su visión interior de la divinidad contemplada sigue en Italia una tradición en la que puede fácilmente reconocerse el pensamiento castellano de León Hebreo que escribe sus *Dialoghi d'amore* a principios del siglo XVI. En Ficino también se halla la doctrina de la unidad armónica del universo, que el lector de nuestra poesía del siglo XVI encuentra muy familiar y que choca con las creencias religiosas anteriores, al mismo tiempo que se dirige hacia el estudio de la naturaleza por medio de la observación y, en consecuencia, a la ciencia moderna. La rigidez antigua y las ambiciones recientes se confunden en el mismo espíritu, que no investiga las contradicciones, como lo hacemos hoy, en frío, sino que siente y vive en su dolor los conflictos de su pensamiento.

Con las ideas nuevas y la energía que desencadenan las aventuras de las armas y la política

---

[4] Johan HUIZINGA, *The Waning of the Middle Ages*, Nueva York, Anchor, 1954, p. 334.
[5] Paul O. KRISTELLER, *op. cit.*, p. 59.

castellana de Hungría al Perú, vienen también las conquistas de formas poéticas orgullosas y complicadas, cuyas dificultades ya había entrevisto Santillana y que son dominadas muy pronto en la perfección de equilibrio del «príncipe de los poetas castellanos». Ahora bien, la adaptación de formas extranjeras a la poesía del idioma no debe entenderse sólo como· la adquisición de un metro o una estrofa no usados antes. El hecho de adaptar, como señala T. S. Eliot al estudiar la importación del soneto al idioma inglés [6], lleva implícito la adquisición de ritmos lingüísticos, emociones extrañas y aun formas de pensamiento originales y distintas que enriquecen la vida intelectual de la cultura a través tanto de los esfuerzos de adaptación de lo extranjero como de las propias personalidades originales que tratan de hacerlo. Lo que explica también las grandes dificultades de la tarea emprendida con poco éxito por Santillana y que en Boscán se renueva con estudiado encanto preparando, a su vez, la maestría de Garcilaso, en cuyas estrofas van a aprender los poetas posteriores las nuevas modas italianas.

Los romances que habían florecido en los siglos anteriores se cultivan menos en la primera parte del siglo XVI, aunque se siguen publicando numerosas colecciones; la forma misma del romance no se renueva entre los poetas cultos hasta fines de siglo, cuando adquiere nueva flexibilidad en manos de Góngora y Lope. Los villancicos tienen aun mayor popularidad en los cancioneros que repiten y glosan las canciones antiguas y muchas nuevas. Pero siempre es la forma italianizante la que caracteriza a los poetas castellanos que escriben después de

---

[6] «The Possibility of a Poetic Drama», en *The Sacred Wood*, Londres, Methuen, 1920, p. 63.

1526, aunque todos ellos sepan usar variedades de estilos. Y dentro de la influencia italiana, hay que puntualizar que, siguiendo a Bembo, es para ellos Petrarca el modelo a imitar. A través de esta influencia, se renueva la forma métrica y el espíritu español al seguir o recobrar las creencias en la armonía universal y el neoplatonismo. Las teorías, admitidas o implícitas, sostienen un edificio poético secular primero y dan pie inmediatamente a una floración de poesía y pensamiento religiosos.

## 2. JUAN BOSCÁN (¿1492?-1542)

La obra de Boscán ha sufrido en nuestra apreciación crítica a causa de la inevitable comparación con la de su amigo Garcilaso. La perfección de la obra garcilasiana tanto como la influencia avasalladora de su personalidad y estilo nos hacen ver el pasado con lentes críticos modelados de valoraciones y sin justicia histórica. Difícil por cierto es decidir si se debe incluir a Boscán entre los discípulos de Garcilaso o si es el mismo Garcilaso quien le debe a su amigo empuje y aliento en su camino hacia la incomparable grandeza de su obra. Se dirá que ya no importa. No obstante, hace falta en nuestra cultura establecer junto con el valor intrínseco de la poesía de Boscán, que seguramente antecede en temas y posibilidades estéticas a la de su amigo, su indudable papel histórico en la transformación del idioma poético por una parte y, por otra, de la textura de nuestra prosa que cultivó con exquisita maestría.

Inspirado por su compatriota Ausias March (1395-1462), primer gran petrarquista de la península, el poeta catalán es responsable en gran parte del cambio radical que revoluciona el pensamiento español a principios del siglo XVI. Mal aconsejados por la prisa, nos ha sido fácil decidir que lo que hay de flojo en el verso de Boscán se debe a su falta de oído en castellano que, se cree, era para él un idioma postizo. Nada más lejos de los hechos. Si se tiene en cuenta lo que hay de preciso y elegante en su verso cuando acierta en el poema y en su prosa en general, hay que admitir su extraordinario dominio del idioma que era para él un segundo idioma nativo como establece Marcelino Menéndez Pelayo [7] al estudiar la educación del poeta. Incluso el gran erudito vacila en su valoración, en el capítulo «Estudio crítico de las obras poéticas de Boscán» (pp. 209-332) de la misma imprescindible antología, al no poder aceptar en su presencia histórica la prueba misma de un valor que tratamos de tergiversar.

El hecho de que su poema largo, «Leandro», resulte interminable hoy no quita que algunos de sus sonetos deban repetirse entre los más memorables del idioma. No sólo el famoso «Garcilaso, que al bien siempre aspiraste», escrito en ocasión de la muerte de su amigo, sino también otros muy injustamente olvidados como «Dulce soñar y dulce congojarme» o «Un nuevo Amor un nuevo bien me ha dado». Este último ejemplifica una de las dificultades que la lectura de Boscán ofrece a la sensibilidad moderna. Uno de sus temas predilectos, la serenidad de su satisfecha vida conyugal, de la que gozó desde su casamiento con Ana Girón de Rebolledo en 1527, quizá no atrae al lector de hoy. Pero tendremos que sobreponernos a nuestro prejuicio sentimental y admirar la manera por la cual un poeta imbuido de influencias italianas y latinas, lector y deudor de su querido Ausias March y aun quizá contagiado de la increíble fluidez del

---

[7] *Antología de poetas líricos castellanos*, Santander, Aldus, S. A. de Artes Gráficas, 1945, pp. 29-35.

endecasílabo de Garcilaso, puede establecer lo verdadero de su experiencia personal dentro del marco estrecho del soneto, sin evitar el dicho popular o hasta lo que a primera vista podría parecer lugar común, lo que ocurre en «Como el patrón que en golfo navegando», en el que podemos leer la resignada renuncia de los últimos años de retiro barcelonés del poeta que había sido figura de gran importancia en la Corte.

Tanto es así que nuestra creencia en la vida apacible de Boscán es visión basada en su propia obra de los años de madurez, en los que quizá conoció paz en sus emociones, pero en los que realmente tuvo mucha más actividad de la que parece a la distancia. A pesar de que sabemos poco de sus años juveniles, su puesto de ayo del futuro Duque de Alba le dio sin duda enorme poder y le proporcionó constante actividad en la Corte y la necesidad de continuos viajes. Si bien quedan pocos indicios de sus estudios infantiles en Barcelona, se ha establecido que pasó gran parte de su juventud en Castilla y que tuvo como preceptor al humanista italiano Lucio Marineo Sículo. De su ejercicio de las armas sólo consta que junto con Garcilaso formó parte de la malhadada expedición a la isla de Rodas en 1523.

En junio de 1522, los turcos habían invadido la isla de Rodas y el gobernador, Villiers de l'Isle Adam, como su puesto en la Orden de San Juan de Jerusalén lo requería, solicitó ayuda de todos los caballeros de la cristiandad. Este es el momento mismo en el que chocan dos formas de vida. Los estados renacentistas, gobernados por reyes absolutos, entran en conflicto con las órdenes medievales que tienen sus propios intereses y que pueden organizar sus propias expediciones y sus guerras privadas. Los caballeros españoles, sin embargo, tienen el beneplácito de su venerado rey Carlos V, gran defensor de la fe, y se embarcan, sin entrar en conflicto, para unirse a muchos otros de Europa. El Gran Prior de Castilla, don Diego de Toledo, de la misma Orden de San Juan, es el que los dirige a la aventura. Entre ellos, por supuesto, se encuentra su propio hermano, don Pedro de Toledo, marqués de Villafranca, que va a ser más tarde virrey de Nápoles, tío del futuro Duque de Alba, Fernando Alvarez de Toledo, que cuenta entonces unos catorce años.

Como parte de la historia del imperio se juntan en este momento en Valladolid los defensores de la fe, entre ellos Garcilaso, Boscán y don Pedro de Toledo. La convivencia con las armas resultará de decisiva importancia en la historia de las letras desde entonces. La expedición se da a la vela en Barcelona y tiene que luchar contra los elementos y el enemigo. Después de hundir uno de los barcos enemigos, casi por milagro, encuentra el barco español refugio en Ibiza. Mientras tanto, Solimán había conquistado la isla y concedido la libertad a sus defensores. El Maestre de la Orden a su llegada a Messina decidió que se había hecho todo lo posible para ayudar a los sitiados y que no eran necesarios ya más esfuerzos militares. Como se ve, los guerreros de entonces, aun en su vida militar, tenían más de un jefe. Ocioso es decirlo, las novedades intelectuales y la fe antigua estaban también en guerra en la mente renacentista, aunque quizá no en las emociones del soldado.

Si bien la vida militar de Boscán no parece haber continuado muchos años, su retiro en Barcelona no es ni con mucho una vida de descanso. Sigue el poeta prestando atención a los negocios de estado y continúa sus labores literarias. La fusión de la aventura guerrera, el poder político y la vida literaria caracteriza a esta generación de escritores españoles más que nunca. Quizá la explicación del fenómeno se pueda encontrar en la supremacía que se concede a la labor poética en la vida social de la nobleza, quizá en el mismo hecho de que la minoría favorecida es tan selecta que no hay más que unos pocos que saben y pueden dirigir los destinos de una nación. Todo ello no explica el hecho incontestable de que entre los gobernantes y capitanes de la corona se den hombres de enorme talento en las letras, y más en España que en las otras cortes del siglo XVI.

Entre 1523 y 1525, Carlos V después de invadir Francia y establecer su Corte en distintas ciudades, decide viajar a Sevilla a reunirse con su prometida, doña Isabel de Portugal. Garcilaso y probablemente Boscán acompañan al Emperador en guerra y viajes y cimentan su amistad en el ambiente acogedor de una corte muy dada a las letras y a la música. De las festividades y el casamiento del rey en Sevilla, pasa la Corte a Granada, donde reside seis meses y se conocen, como hemos visto, los poetas españoles y el embajador italiano Navagero, cuya influencia en la trayectoria de la poesía castellana es, como es sabido, inmensa. No menos importancia tiene la presencia en España del conde Baltasar Castiglione, cuyo apellido se hispanizaba entonces y pasaba a ser Castellón. Por supuesto, tanto Garcilaso como Boscán conocieron y trabaron amistad literaria con el humanista italiano y, tanto en sus obras como en su correspondencia, se puede rastrear el influjo de la persona y de la obra, como se ha hecho en numerosos estudios.

Castiglione vivió largo tiempo en España y murió en Toledo en 1529, un año después de la publicación en su país natal de su obra maestra, *Il libro del Cortegiano*, que «es uno de los más sazonados frutos de Cinquecento. En él se vierten y sintetizan los valores del mundo antiguo, que el humanista italiano traslada a su propia época, para vivificar y renovar con su aliento la sociedad renacentista» [8].

Cuando termina Boscán la traducción del libro de Castiglione a «la lengua castellana más rica, discreta y aristocrática que puede imaginarse» y forja «el mejor libro en prosa escrito en España durante el reinado de Carlos V» [9] en 1533, su amigo Garcilaso la alaba en famosa carta que establece para el idioma la presencia normativa de la prosa de Boscán y «el beneficio que se hace a la lengua castellana en poner en ella cosas que merezcan ser leídas» [10]. La presencia de la prosa del *Cortesano* en la lengua «es para la centuria decimosexta lo que los romeanceamientos alfonsíes para el siglo XIII: forja una prosa que ya no quiere ser latina sino fluir por sus propios cauces en estrecha relación con la lengua hablada» [11]. Lo que la crítica ha tratado de establecer para la prosa del siglo, puede muy bien ser cierto para la poesía. Hay que tener en cuenta que la circulación de la obra de los autores de ese momento no dependía de la imprenta, sino que era anterior e independiente, puesto que circulaba en manuscrito, y que nuestra visión posterior a las publicaciones que comienzan en 1543 no puede explicarnos el ambiente de las dos décadas anteriores, en las cuales la fantasía visual y detallada y la mente castiza y llana del barcelonés tuvo una influencia paralela a la de la imaginación iluminada de

---

[8] Margherita MORREALE, *Castiglione y Boscán: el ideal cortesano en el Renacimiento español*, Anejos del *Boletín de la Real Academia Española*, Madrid, RAE, 1959, p. 11.

[9] MENÉNDEZ PELAYO, *op. cit.*, pp. 93 y ss.

[10] «Carta a la muy magnífica señora doña Gerónima Palova de Almogávar».

[11] Margherita MORREALE, *op. cit.*, p. 279.

su amigo de Toledo. Precisamente porque eran muy distintos y se influían el uno al otro ganó entonces la imaginación de la lengua derroteros diversos y complementarios.

Si bien de entre los poemas largos de Boscán el «Leandro» tiene poco interés para el lector moderno, la «Respuesta a don Diego de Mendoza», en los acostumbrados tercetos de las epístolas de entonces, contiene fragmentos de indudable veracidad poética en los que adquiere fruición y vida el tema predilecto del poeta, su apacible vida doméstica. Indudable es que gozó de ella durante algunos años, aunque no sin las interrupciones de viajes necesarios, dado su puesto social y sus relaciones con las sedes del poder de entonces. En uno de ellos, en 1542, acompañó Boscán al duque de Alba en viaje al Rosellón para inspeccionar fortificaciones. Habiéndose enfermado durante el viaje, no pudo recuperarse y falleció poco después, probablemente en Barcelona. Su viuda, a la que evocara Boscán en sentidos versos en la epístola a Hurtado de Mendoza,

> y aquellos pensamientos míos tan vanos
> ella los va borrando con el dedo,
> y escribe en lugar de ellos otros sanos,

ahora se dedica a asegurar que los pensamientos de su marido pasen a la posteridad en los tres tomos de sus poesías a los cuales se añade una selección de poemas de Garcilaso, publicándose todos bajo el título de *Las obras de Boscán y algunas de Garcilaso repartidas en cuatro libros* (Barcelona, Carlos Amorós, 1543). Desde entonces las obras de los dos amigos se leen juntas aun en las versiones «a lo divino» que en 1575 publica Sebastián de Córdova, en Granada, *Las obras de Boscán y Garcilaso trasladadas en materias cristianas y religiosas*. Para ese entonces ya había comenzado a desligarse la obra de Garcilaso en comentaristas y ediciones y a cambiar profundamente el ámbito del pensamiento y la poesía española. La selección de Garcilaso de 1543 contenía seis coplas al estilo antiguo, tres églogas, dos elegías, una epístola, cinco canciones y treinta y cinco sonetos. Se le han atribuido posteriormente varios sonetos, de los cuales sólo tres son realmente suyos. El orden original nos parece hoy arbitrario, y la presencia de la «Canción I» en medio de los sonetos puede muy bien haber sido un error. Habrá que admitir, al menos, que no entendemos las razones posibles, cronológicas o temáticas, que pueden haber guiado a Boscán, si fue él en verdad el autor de la selección y ordenación.

3. GARCILASO DE LA VEGA (¿1501/3?-1536)

El sereno ideal que cree vivir Boscán es motivo de admiración y alabanza en los momentos más afectuosos de la poesía que Garcilaso de la Vega dirige a su amigo. En la «Elegía II» lo define en las ordenadas sílabas de su verso:

Tú que en la patria, entre quien bien te quiere,
la deleitosa playa estás mirando
y oyendo el son del mar que en ella hiere,
y sin impedimento contemplando
la misma a quien tú vas eterna fama
en tus vivos escritos procurando.

Del exilio vienen estas palabras melancólicas y en ellas el equilibrio y la serenidad reflejan un espíritu dulcemente resignado y aun si se quiere orgulloso en la amistad y la calma que asegura el saberse completo y acabado en pensamiento, lo que es parte de nuestra manera de ver a Garcilaso, quizá no del todo acertada siempre. Poco a poco, al adentrarnos en la obra del poeta, sus emociones se diversifican y hasta nos espantamos al descubrir abismos de conflictos y desesperación que inducen inmediatamente a querer corregir la impresión total de segura tranquilidad que siempre acompaña el recuerdo de Garcilaso:

> De los cabellos de oro fue tejida  16
> la red que fabricó mi sentimiento,
> do mi razón, envuelta y enredada,
> con gran vergüenza suya y corrimiento
> sujeta al apetito y sometida,
> en público adulterio fue tomada,
> del cielo y de la tierra contemplada.

Esta «Canción IV» describe mejor que ninguna otra poesía suya el camino de desesperación y duda por el que ha viajado la mente del poeta. Se vuelve la mente y se revuelve tratando de establecer la base misma y el origen de sus desatinos doloridos y decide que se ha de mostrar en el razonar propio la locura que la ha atrapado:

> El aspereza de mis males quiero
> que se muestre también en mis razones,
> como ya en los efectos se ha mostrado;
> lloraré de mi mal las ocasiones,
> sabrá el mundo la causa por qué muero,
> y moriré a lo menos confesado,
> pues soy por los cabellos arrastrado
> de un tan desatinado pensamiento.

El mismo tono solemne y pensativo que le dan a la composición las estrofas de veinte versos, diez y nueve de los cuales son endecasílabos y uno sólo heptasílabo, responde a la seriedad del tema. Tema y versificación sorprenden en Garcilaso, aún más si se detiene uno a observar lo que hay de religioso en un conflicto sin solución que se cura, al menos en parte, al confesarse. Hay aquí un fondo que emerge de las emociones y de la vida del poeta y que parece invalidar la fácil aceptación de actitudes críticas que exigen, sin más, que una impresión se convierta en creencia absoluta en el equilibrio y serenidad de la poesía de Garcilaso. No sólo aparentes en esta canción, sino también en el fondo borroso y apagado de algunos sonetos, este corrimiento y el conflicto, que se unen a veces a una obsesión de suicidio —en la «Egloga II» y en la «Canción V»— contradicen esta creencia. Las cinco canciones constituyen también testimonio de cómo la mente del poeta se transformó a través de la lectura de la poesía italiana. Tomó de ella la métrica, en este caso de Petrarca, pero lo interno emocional es siempre suyo, y la frase misma es del idioma, tamizado a través de los poetas latinos, que son los que más le instruyen en el manejo del lenguaje poético.

El conflicto de la pasión y el intelecto y los estragos que causa están presentes, junto con un escape hacia la fe, pero no forman el centro de la poesía garcilasiana. Aun cuando, como en la «Canción IV», el tema mismo sea la lucha entre la razón y el deseo, y aun cuando la derrota y la vergüenza se nombren, todo ello se presenta en el recuerdo y es examinado desde la tranquilidad del conocimiento de las fuerzas que combaten en el alma humana. El poeta contempla y decide. Al reflexionar ahora podemos ver, en la limpidez misma de la técnica, verso y rima tanto como posición del que habla y del que lee, ataque al tema si se quiere, una serenidad nueva, conquistada a pesar de las emociones, que nos definirá entonces el equilibrio de la obra no como un conjunto de razonamientos, sino como la lucha misma que se completa al ganar el pensamiento la paz merecida. Son serenas entonces las formas de expresión porque la conquista intelectual se sobrepone a los desórdenes pasionales y la lección de Garcilaso es de máxima mesura y absoluta comprensión. Cómo alcanza esta plenitud en vida y obra Garcilaso es algo que quedará tal vez para siempre en el misterio. No sólo porque todos los esfuerzos de explicación y estudio dejan siempre oscuro el misterio, sino también porque nos impide establecer una cronología fehaciente. Se ha hecho todo lo posible hasta este momento, especialmente en el estudio de Rafael Lapesa, *La trayectoria poética de Garcilaso* [12], para explicar cambios, vida y poesía, pero aun así el recurso a la conjetura y el hecho mismo de que la obra conocida de Garcilaso no sea más que una selección de sus escritos nos impiden establecer nada con seguridad.

A pesar de lo mucho que se sabe de su familia, que era prominente en las armas y el gobierno de Castilla, poca información tenemos acerca de la niñez del poeta. Su padre, que llevaba el mismo nombre, sirvió a los Reyes Católicos y, en 1481, fue nombrado «contino», puesto honorífico de la Corte que recibe el poeta, más tarde, de Carlos V. Los hechos de armas del padre dieron origen a leyendas que después pasaron a ser base de una comedia primeriza de Lope de Vega.

Aún la fecha de nacimiento de Garcilaso no es segura en nuestro conocimiento sólo parcial de la historia. Hay que tener en cuenta que en el período de que hablamos a veces las mismas madres dan fechas erróneas para el nacimiento de sus propios hijos. Los documentos oficiales no eran, ni con mucho, lo que son hoy en día, y muy a menudo se han perdido. Sin embargo, en este caso, las palabras del poeta mismo parecen darnos suficiente garantía, cuando en el

---

[12] Madrid, Revista de Occidente, 1948.

soneto «Boscán, vengado estáis, con mengua mía», hablándole a su amigo, dice:

> Sabed que en mi perfecta edad y armado,
> con mis ojos abiertos, me he rendido
> al niño que sabéis, ciego y desnudo.

Como podemos fechar este soneto en 1536, no queda más que restar la «perfecta edad» y tendremos la fecha de su nacimiento. Pero, claro, nada es nunca tan fácil como parece. Si restamos treinta y tres, la edad de Cristo al morir y, por consiguiente, para todo caballero cristiano, perfecta edad, la fecha sería 1503. En cambio, si reflexionamos que en las lecturas de la época existía la idea de la perfección de nuestra edad «nel mezzo del camin» en una vida que contenía setenta años, Garcilaso tenía entonces treinta y cinco y había nacido, por consecuencia, en 1501 [13].

De la adolescencia toledana de Garcilaso poco sabemos. Los hechos históricos escuetos, la pérdida de su padre en la niñez —cuando tendría aproximadamente unos doce años—, la rebeldía de sus primeros años de adolescencia, en los que parece haberse unido a la revuelta de las comunidades, no nos dicen nada acerca de su preparación intelectual. De su hermano mayor, Pedro, en cambio, sabemos que había estudiado latín con el famoso maestro Pedro Mártir de Anglería, originario de Italia. Del hecho probado, porque Pedro Mártir en sus cartas nombra a Pedro Lasso como su discípulo, y del

---

[13] Hayward KENISTON, en *Garcilaso de la Vega. A Critical Study of his Life and Works*, Nueva York, Hispanic Society of America, 1922, decide que la referencia de Garcilaso es a la edad de treinta y cinco, siguiendo la expresión de Dante, «E io credo che nelli perfettamente naturati esso (il punto sommo dell'Arco della vita) ne sia nel trentacinquesimo anno» (*Convivio*, IV, 23).

afecto fraternal que nunca disminuyó en Garcilaso podemos conjeturar, pero sin pretender certeza, que el poeta aprendió con su hermano o aun de su hermano, en la tristeza de su orfandad, a repetir de memoria la poesía latina que luego va a reproducir en el idioma de su propio verso. Que recibió una educación aristocrática, en la que se unían al ejercicio de las armas, la música y la cortesía, no es de dudar, puesto que cuando entra al servicio real se le admira universalmente en la Corte. Sabemos ya que en 1522 se junta a la malhadada expedición que trata de socorrer a la sitiada isla de Rodas. Acompaña el joven capitán a su rey en Francia y en los numerosos cambios de residencia en España y, en 1525, el Emperador lo destina a casarse con Elena de Zúñiga, dama de honor en la Corte, también de familia noble, descendiente con toda probabilidad del mismo Marqués de Santillana y relacionada con la casa de Alba.

Poco sabemos de las relaciones de Garcilaso y su mujer a través de su poesía, ya que nada parece dedicado o relacionado con ella. En cambio, en las festividades de Granada, conoce el poeta a una dama de honor de la nueva Emperatriz, Isabel Freire, cuyo nombre se oye con dolorida emoción en toda la poesía de Garcilaso, a veces solamente adivinado por el lector de hoy; en la «Egloga III», en cambio, como veremos, clara y tristemente. De la biografía de Isabel Freire casi nada sabemos. Sus sentimientos, como pasa casi siempre en el mundo masculino de ese siglo, han quedado sepultados en el silencio. Su hermosura, al parecer, era admirada en la Corte, y la Emperatriz se negó repetidas veces a separarse de su dama de honor. El poeta portugués Francisco Sá de Miranda también admiraba su encanto, y Garcilaso, claro nos queda en su obra, sintió por ella el más profundo amor. Poco tiempo después, en 1528 ó 1529, se casó Isabel con el caballero portugués Antonio de Fonseca, llamado «El Gordo», que era conocido por su falta de habilidad en los concursos poéticos en los que casi todo el mundo podía entonces glosar una canción o cantar unos versos a su amada. Sabemos también que murió Isabel de sobreparto, probablemente en 1533.

Que Garcilaso e Isabel tuvieron en los meses de Sevilla la oportunidad de conocerse y de entablar ciertas relaciones no es dudoso. Lo que es difícil de comprender a la distancia de los siglos es la naturaleza misma de esas relaciones. Hay que tener en cuenta que la visión poética del amor cortés había permitido, o más bien aprobado, relaciones platónicas de amor entre el poeta y su dama, sin consideración alguna de sus respectivos deberes conyugales. Es que realmente el juego poético era una manera de establecer el imperio de la fuerza espiritual del amor. No hay en esto ni hipocresía ni una moralidad distinta de la nuestra, solamente una manera diferente de comprender las obligaciones de la vida en sus relaciones con las creencias intelectuales.

Pero también habrá que comprender, si queremos darnos una idea de la manera de pensar de la época, que las relaciones entre hombre y mujer eran más variadas de lo que creemos hoy en día. En la vida del mismo Garcilaso hay incidentes de los que sabemos muy poco. En su testamento, otorgado en Barcelona en 1529, cuando se alistaba el capitán para un viaje, además de nombrar como herederos suyos a su mujer y a hijos legítimos, da instrucciones para que se le dé cierta suma a una moza «que yo creo soy en cargo... de su honestidad. Llámase Elvira; pienso que es natural de la Torre u del Almendral, a la cual conoce mi hermano don Francisco». Si agregamos que también se preocupa de que «don Lorenzo, mi hijo, sea sustentado en alguna buena universidad y aprenda ciencias de humanidad» y que este Lorenzo de Guzmán es hijo ilegítimo de cuya madre nada se sabe, tendremos una idea vaga de lo que era la vida sentimental de un caballero de la aristocracia castellana.

De los tres años que transcurren entre su encuentro con Isabel Freire y este testamento de Barcelona, poco nos queda. Su poesía, por supuesto, antes de las conversaciones de Boscán con Navagero, tendría que ser de tipo tradicional, y las coplas que conservamos pueden muy bien pertenecer al período. Quizá cuando escribe el poeta:

> Yo dejaré desde aquí
> de ofenderos más hablando,
> porque mi morir callando
> os ha de hablar por mí,

se refiere a su amor sin esperanza o aun puede ser que el casamiento de Isabel haya sido ocasión de la «Copla II»:

*Canción, habiéndose casado su dama*

> Culpa debe ser quereros,
> según lo que en mí hacéis,
> mas allá lo pagaréis
> do no sabrán conoceros
> por mal que me conocéis.

No oímos, sin embargo, en las coplas tradicionales de Garcilaso el «dolorido sentir» por el que recordamos el relámpago de su vida en la historia de la lengua y que sus endecasílabos avasalladores nos traen a la memoria:

> sobre todo, me falta ya la lumbre
> de la esperanza con que andar solía
> por la oscura región de vuestro olvido.

Es este soneto, «Estoy continuo en lágrimas bañado», con toda probabilidad, tardío. En la trayectoria de Garcilaso, problema fascinante para la mente crítica de hoy, los sonetos ofrecen la posibilidad de establecer al menos algunos pasos. En primer lugar, debió de haber un aprendizaje en su carrera, y el soneto «Amor, amor un hábito vestí» es probablemente el que mejor nos muestra sus años juveniles. Los oxítonos mismos podrían indicar cierta debilidad en el versificador, puesto que no se admitían entonces. También la estrecha dependencia de Ausias March puede atribuirse a la labor del principiante. Lo que complica un poco el problema es que hay otra versión, esta vez con finales llanos («he vestido», no «vestí») y que la atribución de ésta a Garcilaso no es segura. Quizá el primer soneto de la edición de 1543 sea también de época temprana, ya que su indudable maestría tiene todavía recuerdos del cancionero. Por otra parte, « ¡Oh dulces prendas por mi mal halladas! » y «A Dafne ya los brazos le crecían», por obvias razones biográficas o temáticas, son sin duda posteriores y muestran la pericia de un poeta maduro. De la lectura de los sonetos, aunque sea de unos pocos en selección, se desprende claramente que, con sólo ellos, hubiera pasado el poeta a ocupar eminente puesto en su siglo y en la historia.

Después de 1529, pasa Garcilaso aproximadamente un año en Italia y es aquí con seguridad donde se afirma su genio y donde el largo aprendizaje poético empieza a rendir los mejores frutos. Quizá la distancia también ejerce poderosa influencia en sus sentimientos, quizá la renovación de estudios latinos y el constante estímulo de amistades italianas le avivan el sentimiento y la expresión. Como no hay modo de establecer la fecha de muchos poemas, no es posible decidir cómo y cuándo la madurez de su talento pudo reproducir un tema clásico con toda la fuerza emocional y la plenitud de forma del soneto «Escrito está en mi alma vuestro gesto», donde una adaptación del verso de Petrarca, «il nome che nel cor mi scrisse Amore» [14], sigue una tradición muy antigua que para el mundo clásico puede haber comenzado con la «Décima Oda Olímpica» de Píndaro en la cual se dice que el nombre del vencedor «está escrito en el corazón» [15] del poeta. También había ya Ausias March encontrado ocasión para adaptar el tema antiguo de Petrarca a un verso suyo, «M'oppinió es en mon cor escrita» (LXII, 49) con significado, por supuesto, completamente distinto. Pero la imagen, decantada en toda la poesía de los siglos de amor cortés [16], adquiere en este soneto la máxima expresión de absoluta fidelidad a un amor imposible, tema y obsesión de Garcilaso desde que su alma se había enamorado en su juventud del ideal mismo de la belleza femenina:

Escrito está en mi alma vuestro gesto
y cuanto yo escribir de vos deseo:
vos sola lo escribistes: yo lo leo
tan solo que aun de vos me guardo en esto.
En esto estoy y estaré siempre puesto,

---

[14] Segundo verso del Soneto V.

[15] En el manuscrito 3.888 de la Biblioteca Nacional de Madrid el erudito anónimo establece esta relación. También se ha visto un antecedente del concepto en el «Epigrama XLVIII» del poeta griego MELEAGRO. Véase Edward GLASER, «"El cobre convertido en oro". Christian *Rifacimentos* of Garcilaso's Poetry in the Sixteenth and Seventeenth Centuries», *Hispanic Review*, XXXVII (1969), pp. 61-76.

[16] Acerca de este concepto, se recomienda la lectura de C. S. LEWIS, *The Allegory of Love. A Study in Medieval Tradition*, y Peter DRONKE, *Medieval Latin and the Rise of European Love-Lyric*, ambos estudios publicados en Oxford en 1936 y 1968 respectivamente.

que aunque no cabe en mí cuanto en vos veo,
de tanto bien lo que no entiendo creo,
tomando ya la fe por *presupuesto*.

La fe del amor cortés ha trocado la lección
religiosa, y es la mujer idealizada la que se hace
objeto de adoración, como más tarde la poesía
religiosa ha de transformar las palabras del
amor humano en el diálogo del Alma y su Amado. En el sexteto de este soneto se da expresión
máxima a este culto que hace de la mujer razón
misma de la vida:

> Yo no nací sino para quereros;
> mi alma os ha cortado a su medida;
> por hábito del alma misma os quiero;
> cuanto tengo confieso yo deberos;
> por vos nací, por vos tengo la vida,
> por vos he de morir, y por vos muero.

Dentro de la tradición del amor cortés, es muy
probable que Isabel Freire fuera más que nada
el modelo poético inalcanzable de todas las
perfecciones, mientras que en lo diario conti-
nuaba el poeta su vida cotidiana de noble, soldado, y aun, si se quiere, vecino aburguesado o
aventurero de viaje. Sin embargo, en su verso
se encuentra ya el atisbo de una inconformidad
moderna que suena tan distinta de las innume-
rables quejas de amor de cancioneros y de sonetos. Por eso es que vemos en él el presagio
de nuevas formas de relaciones y al mismo
tiempo creemos en la realidad auténtica del
sentimiento que expresa.

En los años de 1530 y 1531 Garcilaso viaja a
Francia en misión estatal, y, de vuelta en España, un hecho insólito y complicado lo lleva a un
episodio penoso y amargo. Un hijo de su hermano Pedro Lasso, que llevaba el mismo nombre,
Garcilaso de la Vega, y la dama noble doña Isabel de la Cueva, ambos casi niños, se casan en

secreto y en contra de la voluntad del Emperador. No sabemos a ciencia cierta si este casamiento secreto es un arreglo de las familias de ambos contrayentes o, en realidad, el producto de un amor juvenil que el poeta anima y respalda. Lo histórico es que su actividad, contraria a los deberes de estado, se descubre cuando Garcilaso y el joven duque de Alba, que ha heredado el título por la reciente muerte de su abuelo don Fadrique, han ido de viaje a Francia en misión especial enviados por la Emperatriz. Cuando se les ordena el regreso, el duque desobedece las órdenes de la Emperatriz y, después de una corta enfermedad en París, continúa su viaje a Flandes y más tarde a Ratisbona donde los viajeros se unen a los ejércitos del Emperador.

A pesar de la intercesión del duque de Alba, el vengativo Emperador condena a Garcilaso a prisión en una isla en el Danubio, donde cumple la sentencia entre marzo y julio de 1532, cuando se le conmuta su prisión y le es permitido vivir en el destierro de Nápoles, en la corte del virrey, don Pedro de Toledo, marqués de Villafranca. En la «Canción III», la isla que «cerca el Danubio» es clara referencia biográfica y buen ejemplo de cómo el poeta clásico usa los temas antiguos. Como en tantos otros poemas la imitación aquí no significa servilismo, ya que se expresan los propios sentimientos, que, claro está, son los mismos que siente o hubiera sentido todo el mundo, y también ayuda el eco a establecer la universalidad de expresión y sentimiento, aunque la referencia biográfica ponga el sello incontestable de una individualidad histórica. No excluye la doctrina de la *imitatio* la referencia a lo vivido y a sí mismo, que se da, entre otros casos, en la «Elegía II», en esta ocasión con su rúbrica:

> Yo enderezo, señor, en fin mi paso
> por donde vos sabéis que su proceso
> siempre ha llevado y lleva Garcilaso.

Los años de Nápoles parecen prometerle la paz y serenidad de las letras y el poeta comienza ahora las obras más ambiciosas, por el tamaño y la profundidad de concepción, pero aun estos años son interrumpidos por viajes y expediciones militares, al Africa en 1534 y, la última, a Francia en 1536, donde lo lleva el sueño imperial de dominación universal. No sabemos si este sueño fue parte del pensamiento de Garcilaso, aunque podemos conjeturar que había en él, como en todos los nobles de la época, una creencia que lo llevaba a postular la necesidad de un rey, un gobierno, una ley y una religión única. Pero, a pesar del ejercicio de las armas, no parece que la misión guerrera se hubiera apoderado por completo de su mente. Todo lo contrario, muy sentidos momentos antibélicos se pueden encontrar en algunos poemas, cuando, por ejemplo, habla de sí mismo «como conducido mercenario» en esta misma «Elegía II» o cuando en la «Elegía I» se pregunta, recordando al joven Bernaldino de Toledo, muerto en el campo de batalla:

> ¿A quién ya de nosotros el exceso
> de guerras, de peligros y destierro
> no toca y no ha cansado el gran proceso?

Y unos versos después, «¿Qué se saca de *aquesto*? ¿Alguna gloria? / ¿Algunos premios o agradecimiento?».

Conocido es el triste fin de la vida del poeta. Durante la retirada del ejército imperial, cerca de Fréjus, en la costa sur de Francia, un grupo de campesinos desafía a los soldados en la aldea de Le Muy. Doce campesinos y dos muchachos se niegan a abandonar la torre conocida hoy como la Torre de Carlos V. Cuando el capitán Maldonado y el maese de campo Garcilaso de la Vega tratan de subir a la torre, la defienden ellos arrojando una inmensa piedra. El 19 de septiembre de 1536, Garcilaso, que no se había puesto yelmo ni coraza, resulta herido de gravedad y es transportado a Niza, donde muere unos pocos días después. Quiere la tradición que el Emperador, después de prometer a los defensores que no serían enviados a galeras, obtiene la rendición y, en su ira por la muerte de uno de sus más queridos caballeros, ordena colgar a los doce campesinos y cortar las orejas a los dos muchachos. Quizá la leyenda sea apócrifa y sólo exageración para insistir en la crueldad de Carlos V, pero sirve su misma brutalidad, invención o no, como el más injusto réquiem para un poeta que había soñado la utopía del amor universal y todopoderoso.

Es durante los pocos años de tranquilidad en el exilio napolitano cuando los sueños y la experiencia triste del amor inalcanzable encuentran su expresión más exquisita en las obras fundamentales que ha dejado su pluma: las «Eglogas», conocidas por su orden, I, II y III. Quizá el orden de composición no corresponda al orden tradicional, establecido por la primera publicación de 1543, y las conjeturas críticas se han multiplicado recientemente.

Es obvio que composiciones variadas y largas no se escriben en un día o de un tirón. Peculiaridades de estilo nos permiten hablar de distintos momentos en la creación de las dos partes de la «Egloga I», escritas problablemente en fechas distintas aunque próximas [17]. La segunda es tan larga y tan variada que es nece-

---

[17] Comienza posiblemente William J. ENTWISTLE, con su artículo «La Date de l'*égloga primera* de Garcilaso de la Vega», *Bulletin Hispanique*, XXXII (1930), páginas 254-256, el estudio detallado de este problema.

sario postular distintos momentos de composición y conjeturar fechas, como hace Rafael Lapesa[18]. La tercera es sin duda una de las últimas composiciones de Garcilaso. Todo ello ayuda a la comprensión de los hechos históricos, entre los cuales el más importante quizá, para establecer lo que significaban las églogas en el siglo XVI, es la indudable naturaleza dramática de los poemas. No sólo hay personajes en ellos que hablan, y un comentador que los presenta y a cuyo cargo está la descripción del fondo, sino que también tenemos testimonio fiel de que estas composiciones podían representarse. Baste aquí la palabra de Cervantes[19], quien narra los planes para representaciones de églogas de Garcilaso y de Camoens por boca de una zagala en una nueva Arcadia.

No presentan estas obras el conflicto de voluntades y pasiones que asociamos hoy en día con el teatro. Se trata más bien aquí de un «teatro lírico» casi cantado, al menos recitado, que era parte de la vida de la corte, quizá su más preciado entretenimiento. También parece posible, ya que se ha mantenido en la tradición, que las tres églogas estaban unidas en la mente del poeta y su público. Tanto es así que en la biografía de Fernández de Navarrete, a tres siglos de distancia, podía comentarse sobre la «falta de unidad que se advierte en la disposición de sus Eglogas»[20]. No podía el biógrafo quejarse de falta de unidad si no hubiera tenido una preconcepción de que las tres obras

***

[18] *Op. cit.*, p. 105. La teoría de Lapesa conjetura que debió ser escrita antes que la primera.

[19] *Don Quijote*, II, 58.

[20] Eustaquio FERNÁNDEZ DE NAVARRETE, *Vida del célebre poeta Garcilaso de la Vega*, en Miguel Salvá y Pedro Sáinz de Baranda, eds., *Colección de documentos inéditos para la historia de España*, vol. XVI, Madrid, Imp. de la Vda. de Calero, 1850, p. 121.

constituían una sola producción artística. Si nos imaginamos entonces la intención de construir en tres églogas «dramáticas» un todo, podemos concebir siquiera aproximadamente lo que deseaba Garcilaso y su tiempo: una enciclopedia de la armonía de hombre, naturaleza y creador, conquistada a través del pensamiento. El final melódico de la «Egloga III» se tendrá que leer entonces no como una mera adición, sino como la necesaria nota final de un conflicto dramático resuelto. Y de la misma manera, los hechos marciales tienen su lugar en el conjunto.

Pero lo histórico, a pesar de su necesidad en la comprensión del pasado, es sólo parte de nuestra mente. Tenemos el derecho, como lo ha tenido toda época anterior, y como lo había hecho el siglo XVI en su lectura de los clásicos, de leernos a nosotros mismos en nuestras lecturas, como ellos se leían a sí mismos en Virgilio o en Ovidio, y, por lo tanto, hemos descartado de la visión total de las églogas toda referencia al mundo político o guerrero, que por supuesto, era el mundo de Garcilaso. Y hemos prescindido también de la estructura dramática. Lo que nos queda son dos poemas líricos de incomparable hermosura y sentimiento: las églogas primera y tercera. En la primera sentimos, a través de dos experiencias de amor, las de Salicio y Nemoroso, experiencias que creemos vivió Garcilaso en años distintos con motivo del casamiento y de la muerte de Isabel Freire.

Los lamentos de Salicio establecen la posibilidad de discordia en la naturaleza misma:

¿Qué no se esperará de aquí adelante,
por difícil que sea y por incierto,
o qué discordia no será juntada?

El lamento de Nemoroso que le sigue da, ante el recuerdo de la «Divina Elisa», la más desesperada queja del enamorado que se encuentra

> solo, desamparado,
> ciego, sin lumbre en cárcel tenebrosa.

En esencia, entonces, la «Egloga I» presenta las quejas necesarias para determinar cómo la perfección natural se puede romper en las emociones humanas y en presencia de lo incomprensible de las vicisitudes que sufrimos. Se da aún aquí un atisbo de orgullosa visión intelectual que va a servir más tarde para recobrar la serenidad:

> No me podrán quitar el dolorido
> sentir, si ya del todo
> primero no me quitan el sentido.

No es ésta, no obstante, la resolución de armonía que va a ofrecer la «Egloga III». Como leemos hoy los poemas, la «Egloga I», tiene su unidad y su presencia. No interesa ya el puesto que podría ocupar en la mente del siglo XVI y nos conformamos con repetir la perfección formal de su queja.

No se lee hoy como entonces la «Egloga II». En ella el poeta explora la sinrazón del amor y la locura del enamorado en el personaje Albanio, y, en el relato histórico, la vida ejemplar de las armas justicieras y el satisfecho amor conyugal. Otro personaje de esta misma égloga puede explicar parte de la biografía de Garcilaso. Albanio recobra la razón gracias a la intercesión de fray Severo. En este episodio, puede que se refiera Garcilaso a sus propias luchas interiores y a la conquista de una paz necesaria para la labor poética, así como a un personaje de la Casa de Alba. Otros aspectos de esta «Egloga II» parecen también tener un fondo autobiográfico, la fuente que se describe al comienzo:

En medio del invierno está templada
el agua dulce de esta clara fuente,
y en el verano más que nieve helada,

es sin duda la de sus propiedades en Batres,
pero otras referencias, por ejemplo a «una doncella / de mi sangre y abuelos descendida», son
mucho más difíciles de precisar. Lo que queda
es la certeza de que esta segunda parte de la
obra total era la que se extendía más en explicaciones narrativas y psicológicas, y que además contiene en presagio la respuesta filosófica
a los problemas que se proponen desde el principio de la «Egloga I».

Que no interese la parte narrativa y dramática de Garcilaso hoy no es de extrañar. Su
contenido lírico nos ha organizado una manera
de pensar que encuentra su plenitud en la
incomparable «Egloga III». En ella, la introducción define la función del pensamiento poético para el poeta de entonces y para el lector
de hoy:

Y aun no se me figura que me toca
aqueste oficio solamente en vida,
mas con la lengua muerta y fría en la boca
pienso mover la voz a ti debida.

La descripción de su ciudad natal que sigue
fascina hoy en constante relectura. Tan seguro
es su talento que puede el poeta detenerse en
detalles para gozar de la palabra:

En el silencio sólo se escuchaba
un susurro de abejas que sonaba.

¿Recuerda Garcilaso aquí su propio verso de la
«Egloga II»?: «la solícita abeja susurrando»
que era ya una adaptación de Ovidio, «Non apis
inde tulit collectos sedula flores»[21], a través

---

[21] *Metamorfosis*, XIII, 927.

de las palabras de Sannazaro «le sollicite api
con soave susurro volavano intorno ai fiori» [22].
El perfecto endecasílabo de ayer ya no satisface. En este detalle puede el lector darse cuenta
de lo que significaba para el poeta dedicado a
la *imitatio* el recordar y el recrear. La *imitatio*
del siglo XVI cubre toda una gama que va desde
la traducción exacta al eco más remoto, inclu-
yendo la referencia directa tanto como la oculta.

El cuadro dramático que se presenta entonces lo podemos imaginar en la corte: cuatro
ninfas representadas por cuatro damas [23] reci-
tan cuatro historias de amor en cuya esencia
trágica comprendemos la esencia de la ruptura
dolorosa que el amor introduce en la armonía
natural. Téngase en cuenta también que las tres
historias mitológicas no sólo transportan la historia personal en la que se nombra a Isabel
y que relata «la blanca Nise», quizá la más
joven y predilecta del poeta entre las hijas de
sus protectores, a un nivel genérico, sino que
también los cuentos mitológicos se interpretan
al colocarlos en esta situación como hechos hu-
manos y divinos que interrumpen la armonía
universal. Lo que había vivido Garcilaso pasa
así al reino de lo pensado y transmitido por el
pensamiento. Cuando Tirreno y Alcino cantan el
epílogo que cierra la composición no sólo reafir-
man la armonía universal, sino que también
recomienzan la frágil historia de amor humano
que todos tendremos que gozar y lamentar en
su brevedad necesaria.

---

[22] *Arcadia,* Prosa X. Véase Eugenio MELE, «In margine alla poesia de Garcilaso», *Bulletin Hispanique,*
XXXI (1930), p. 223.

[23] Parece muy probable que las damas que repre-
sentaban a las cuatro ninfas en la Corte de Nápoles
fueran las hijas del Marqués de Villafranca y su mujer. Véase el estudio de Eugenio MELE, citado en la
nota anterior, quien sigue en esto una sugerencia de
Hayward KENISTON, *op. cit.,* pp. 257-58.

## 4. LA REACCIÓN TRADICIONALISTA

La publicación de las obras de Boscán y Garcilaso en 1543 marca no la llegada de algo nuevo, sino la culminación de un proceso que había comenzado un siglo antes, en ensayos más bien aislados en todos los idiomas de la península, tanto gallego-portugués como catalán o castellano. Claro queda que «entre las varias experiencias que las letras españolas recogieron de Italia en el período indicado, ninguna se destaca de manera tan definida como la adopción del verso endecasílabo con todo el cortejo de sus variadas estrofas. En ningún otro momento de la historia de la versificación española, se puede señalar un acontecimiento de semejante importancia»[24].

Las combinaciones estróficas que se introducen son numerosas, tanto en mezcla de endecasílabo y heptasílabo como en sucesión de endecasílabos. Las canciones, en general, usan un número de endecasílabos determinados por el poeta, con algunos heptasílabos. Una vez establecida la estancia, se repite a través de toda la composición. La silva es un conjunto más libre de versos de ambos tipos que pueden ser rimados todos en la «silva de consonantes» o rimados esporádicamente. Esta forma, aunque procedente también de Italia tiene poca aceptación hasta más adelante. Tercetos y cuartetos son mucho más comunes y la octava real es una forma predilecta. Con la excepción del cuarteto, estas formas parecen artificiosas hoy a nuestro oído. Lo mismo podría decirse

---

[24] Tomás NAVARRO TOMÁS, *Métrica española, reseña histórica y descriptiva*, Nueva York, Las Américas Publishing Company, 1966, p. 174.

de la lira, forma compuesta de heptasílabos y endecasílabos que toma su nombre del primer verso de la «Canción V» de Garcilaso, «Si de mi baja lira», y que tiene enorme repercusión en el siglo XVI como estrofa predilecta de los místicos.

Sin embargo, es posible que sea el soneto la forma más estricta y duradera de las que se apoderan de la imaginación poética española en esta transformación del siglo XVI. Se experimenta con versos cortos, en los llamados «sonetillos», o los catorce endecasílabos adquieren tres más algunas veces, y esta añadidura toma el nombre de «estrambote». Pero la delicada y firme arquitectura de una octava seguida de un sexteto en verso endecasílabo de varias clases es la forma predilecta del período, siguiendo principalmente la estructura de rimas predominantes en Petrarca, sin cambiar casi nunca la fórmula de la octava (ABBAABBA), pero con variantes de dos o tres rimas en el sexteto [25].

No puede imponerse ninguna innovación tan vasta y profunda como la del Renacimiento sin suscitar la decidida oposición de los que se aferran a las formas de pensamiento del pasado. En España, sobre todo, la firmeza de la fe antigua y las poderosas instituciones eclesiásticas batallaron en contra de las novedades filosóficas y teológicas como es bien sabido. A pesar de que las formas métricas no parezcan llevar consigo el peso de los pensamientos revolucionarios, siempre hay algo en la innovación de forma y estilo que tiene paralelos con las maneras de sentir y aun con las creencias que las sustentan. Un cierto hedonismo, por

[25] Se estudian las varias soluciones a las rimas del sexteto en los poetas portugueses y españoles del período en Jorge DE SENA, *Os sonetos de Camões e soneto quinhentista peninsular*, Lisboa, Portugalia Editora, 1969.

ejemplo, se puede entrever en algunos poetas del período, y aun algunos de ellos sufrieron correcciones en sus versos a manos de los oficiales de la Inquisición.

También hay que comprender que, entre aquellos que habían aprendido a cantar en los villancicos y a repetir las glosas del pasado, había un cariño por lo establecido que les hacía difícil cambiar inmediatamente. La oposición a la métrica misma y a la imposición de nuevos modelos italianos, fue más bien amistosa y de buen humor. Es costumbre designar a aquellos que dieron voz a su descontento en conjunto como una «reacción tradicionalista». El término es aceptable, con tal de que se comprenda que no denomina a un conjunto organizado de opositores a la escuela poética de Garcilaso. Una vez establecida la restringida función de estos poetas, podemos puntualizar que entre ellos se encuentran algunos que van a ser más tarde discípulos de Garcilaso, puesto que descuellan en las formas nuevas. Buen ejemplo de ello es Gregorio Silvestre que, aunque se hubiera burlado en su obra temprana de los italianizantes, en su *Visita de amor*, pasó luego a escribir poemas muy sentidos en las nuevas formas. El hecho es que todos los poetas del momento podían usar con facilidad ambas posibilidades, aunque muy a menudo descollaba su talento en una más que en la otra. El caso de Diego Hurtado de Mendoza es extrañísimo, ya que es un denodado defensor de las novedades italianizantes, pero su talento da quizá mejores frutos en lo tradicional. Ambos, Gregorio Silvestre y Hurtado de Menddza, se situarán aquí entre los discípulos de Garcilaso, con las salvedades ya apuntadas.

Entre aquellos que más abiertamente se oponen a lo nuevo, se pueden nombrar a Cristóbal de Castillejo, Baltasar del Alcázar y Luis de

Haro. De este último poco o casi nada se sabe y aún menos se conserva de su obra. Nos limitaremos en esta introducción a la reacción de que hablamos, a citar algunos datos sobre estos dos poetas, sin duda los más importantes de su tendencia. Lo que no quiere decir que la obra de otros sea deleznable, aun cuando ha habido críticos recientes que han atacado, notablemente, a Baltasar del Alcázar con demasiada saña.

## A) Cristóbal de Castillejo (¿1490?-1550)

Representa muy bien la oposición tradicionalista, ya que es el autor de la «Represión contra los poetas españoles que escriben en verso italiano», en la cual condena y critica lo nuevo, aunque también puede verse cierta imitación admiradora en la octava y los sonetos que se incluyen. En ellos, burla burlando, admite la ascendencia espiritual del metro que se ataca en la misma facilidad y éxito con que lo usa. Además, creemos que Castillejo era amigo de Hurtado de Mendoza, y escribió también bajo la influencia de los clásicos.

Nacido en Ciudad Rodrigo, Castillejo sirvió en la corte de los Reyes Católicos y luego se ordenó y llegó en 1525 a ser secretario del archiduque Fernando, hermano de Carlos V y rey de Bohemia, en cuya casa había servido casi desde el nacimiento del príncipe en 1503. En calidad de secretario, tuvo que pasar Castillejo numerosos años en el extranjero, especialmente en Viena, donde murió. En sus versos hay muchas referencias a viajes y a su andariega profesión cortesana, a sus deberes eclesiásticos y a su pobre salud. En ellos une Castillejo a lo casi medieval un atisbo de extraño petrarquismo. Continúan los temas antiguos y las formas tradicionales en glosas de buen humor y sano cantar como «Guárdame las vacas» y en versiones de mitos clásicos. La delicada versión de un fragmento de Cátulo, «Dadme, amor, besos sin cuento», muestra un carácter que quizá pudiera haberse desarrollado más ampliamente si el poeta hubiera tenido la buena fortuna de vivir en su patria o si al menos pudiera haberse olvidado de las muchas restricciones del puesto que ocupaba y de la falta de recursos de la que se queja tan a menudo. La raíz de su descontento, no obstante, parece hallarse en la pobre salud, que le hizo sufrir desde temprana edad.

Las disputas o debates versificados, las sátiras misóginas, las parodias de temas eclesiásticos, las alabanzas y vituperios de la mujer, tanto como la agilidad de su forma y sus rasgos de humor hacen que un crítico de nuestro siglo pueda decir que «este monje epicúreo y desenvuelto, enamoradizo y satírico, parece un último retoño de la Edad Media del Arcipreste» [26]. Al Arcipreste de Hita se le compara a veces, sin prestar atención a la melancolía que yace dentro de su aparente frivolidad. En las poesías de amor parece celebrar un amor platónico por una dama muy joven de la corte, Anna von Schaumburg, a quien quizá han sido dedicados muchos juegos de palabras, insulsos para nuestra época, pero que debieron constituir solaz en sus frustraciones: las letras del nombre en sigla, A. N. A. al comienzo de algunos versos o el unir a nadie y otros vocablos parecen nimio pasatiempo hoy [27].

---

[26] Angel VALBUENA PRAT, *Historia de la literatura española*, vol. I, Barcelona, Gustavo Gili Editor, 1973, 8.ª ed., p. 570.
[27] Véase algunos comentarios en Clara Leonora NICOLAY, *The Life and Works of Cristóbal de Castillejo*, Filadelfia, Publications of the University of Pensylvania, 1920, p. 33, n. 2.

Se burla a menudo de achaques y enferme-
dades y se queja el desterrado fraile, en serio
y en broma, hasta que un día puede cristali-
zar todas las ilusiones en un villancico entre
esperanzado y melancólico:

Alguna vez,
oh pensamiento,
serás contento.

Oímos en estos versos tan cortos y tan sutiles,
en los «seis pies de tierra», todo el dolor del
anciano en Viena. Lo que explica el éxito inusitado que ha tenido en el extranjero [28] y por
qué nos hiere todavía cuando sueña o promete
que «será hallado» lo que había deseado tanto,
«lo no alcanzado / en esta vida».

Además de la traducción de Cátulo mencionada, tradujo Castillejo fragmentos de Ovidio,
siempre en versos anticuados, pero no sin un
dejo renacentista, que, junto con su disimulado petrarquismo, lo coloca de lleno en el ámbito de la época, al menos en pensamiento y en
emociones. Como tantos de los poetas renacentistas, sin embargo, su estro incluía la contradicción de hedonismo y de insegura fe, y
podía escribir un himno a la Virgen, repitiendo
el antiguo «clara estrella de la mar», con gracia y delicada convicción.

## B)  BALTASAR DEL ALCÁZAR (1530-1606)

Muy posterior a la obra de Castillejo es la
Baltasar del Alcázar. Natural de Sevilla, ejer-
ció la profesión de las armas en la juventud;
aunque poco sabemos de su actividad, parece
haber desempeñado importante papel en algu-

---

[28] Véase nota a p. 142.

nas batallas navales. También sabemos que se casó en 1565 y que enviudó y quedó con sólo una hija. El mal de piedra y la gota, de los que padeció en su vejez fueron probablemente producto de una vida desordenada de la que nos quedan algunos rastros en su poesía. Su retrato, pintado por Francisco Pacheco, maestro y suegro de Velázquez, «nos da en gran parte la clave de su espíritu: optimista, vital, bienhumorado» [29]. Sus obras reflejan su manera de ser y sus experiencias. También hallamos en ellas el resultado de lecturas juveniles que parecen haber sido, dentro de los estudios latinos, muy asiduas en la consulta de las obras de Marcial (Marcus Valerius Martialis, 40-104 d. de J. C.), quizá porque este poeta latino estaba muy orgulloso de su procedencia española y porque Baltasar del Alcázar veía en él un espíritu hermano a distancia.

Los poemas de Marcial más conocidos y leídos, tanto entonces como en los siglos posteriores, son los *Epigramas*, todos ellos muy cortos, entre dos y veinte versos, y dedicados frecuentemente a satirizar a personajes de la vida romana y sus vicios: avaricia, hipocresía, gula. Menos acerbo que su mentor, se dedicó Alcázar a pintar costumbres de su tiempo, de las que se burla sin gran amargura, y en esto, aunque prepara la poesía satírica del siglo siguiente, se distingue de ella. El «Diálogo entre dos perrillos», difícil de leer ya, puede que haya servido de inspiración para una de las más famosas de las *Novelas ejemplares*, el *Coloquio de los perros*, puesto que Alcázar era más leído entonces que hoy.

De todas sus obras, la que ha conseguido más

---

[29] Guillermo DÍAZ PLAJA, *La poesía lírica española*, Barcelona, Labor, 1937, p. 102.

divulgación es la «Cena jocosa» que se encuentra en casi todas las antologías. Juzgado casi exclusivamente por esta poesía festiva, la presencia del poeta es en realidad discutible, y algunos escritores modernos han desatado la invectiva en contra de su pobreza de imaginación. Es necesario, no obstante, aceptar primero que, dentro de esta vena, la «Cena jocosa» tiene cierta gracia. En segundo lugar, los epigramas, algunos de ellos traducidos directamente, tienen el valor de su condición y agudeza. También podía Alcázar escribir poesía religiosa con sincera emoción, como «Estando para comulgar» y «Si a vuestra voluntad yo soy de cera», ejemplos de tierna sensibilidad y acabada arquitectura.

Lo que nos trae otra vez al problema de la posición de Alcázar en relación con la nueva poesía. Sabemos, por ejemplo, que era músico y que escribió madrigales quizá en forma métrica italianizante. Pero, de lo que conservamos, la mayor parte está escrito en las formas antiguas, su estrofa favorita parece haber sido la redondilla, y la actitud es más bien contraria a las innovaciones del momento. Sin embargo, podía usar los versos nuevos y muestra cierta pericia en el endecasílabo como se ve en los dos sonetos mencionados. Lo que les quita valor histórico es el hecho indudable de que, para ese entonces, la poesía religiosa había ya adquirido verdaderos autores de genio. Por eso mismo, habrá que recordar que otros sonetos de Alcázar, como «La mujer celosa», tienen que leerse como parte de una época en la que no todo era seriedad y petrarquismo. En la vena satírica, este soneto que condena el vicio de los celos, es uno de los que tienen más gracia y mejores posibilidades de sobrevivir. También podía el poeta construir un soneto serio, «Volverá lo que fue. Mal es sin cura», en el cual el tic-tac fatídico de la hora que pasa le hace confesar amargamente, «vencido soy del tiempo».


5. LOS DISCÍPULOS DE GARCILASO

La poesía de Garcilaso se lee con avidez durante su vida y después de la publicación de sus obras. En lo profundo, ningún poeta deja de ser continuador de su poesía. Discípulos de Garcilaso son en verdad todos los poetas del Siglo de Oro y, sobre todo, los místicos y religiosos que se abrevan ya en los versos originales, ya en la citada versión «a lo divino» de Sebastián de Córdova, quien seguía en esta transformación el ejemplo de la labor de Malipiero al trasladar la poesía de Petrarca [30]. De todas maneras el sello del estilo del maestro aparece por todas partes, aunque sea difícil hoy creer que la versión religiosa pudiera admirarse. Los versos que abren la «Égloga I»,

> El dulce lamentar de dos pastores,
> Salicio juntamente y Nemoroso,
> he de cantar,

resultan en Sebastián de Córdova:

> El dulce lamentar de dos pastores,
> Cristo y el pecador triste y lloroso,
> he de cantar.

Quede para la imaginación del lector suplir los ripios y la pobreza de significado que fueron necesarios para transformar a Garcilaso en «devocionario», aunque, justo es decirlo, la obra

---

[30] *Las obras de Boscán y Garcilaso trasladadas en materias cristianas y religiosas*, Granada, 1575. Girolamo MALIPIERO había publicado anteriormente *Il Petrarca Spirituale* en 1536.

de Córdova es infinitamente superior a la de Malipiero. Aun así el hecho mismo tendría poca importancia si no se interpretara como puente de penetración en la lectura del público; los poetas religiosos en cambio leían a Garcilaso mismo mucho más a menudo. Se llevó a cabo a través de su obra una nueva transmutación que no sólo fundía, como habían intentado ya los poetas anteriores, lo cancioneril y lo italianizante, sino también, lo popular, trasladado «a lo divino», lo clásico y lo bíblico y el lenguaje mismo de Garcilaso.

Aun en el caso del más erudito de todos ellos, puede decirse que «Garcilaso es, sin embargo, el que más le influye, habiéndole proporcionado incluso el vehículo estrófico de la lira clásica, tan distinta, en aspectos de forma, sintaxis y contenido, de la bucólica y elegíaca de Bernardo Tasso y San Juan de la Cruz»[31]. Pero hay algo todavía más íntimo y profundo que sustenta nuestra visión de la presencia de Garcilaso en la poesía posterior. En el caso de Fray Luis, por ejemplo, sus traducciones del latín dependen directamente de la frase misma de Garcilaso, y lo que es más iluminador, estas traducciones constituyen su aprendizaje, ya que las cronologías más aceptadas las colocan antes de su obra de plenitud[32]. En San Juan de la Cruz la dependencia estrecha se ha establecido aún en el poema que es quizá el último entre los más hermosos de su obra mayor, en las inefables palabras de «Llama de amor viva», un punto culminante de expresión en la lengua:

> ¡Oh llama de amor viva,
> qué tiernamente hieres
> de mi alma en el más profundo centro!

[31] Cristóbal CUEVAS, *Fray Luis de León y la escuela salmantina*, Madrid, Taurus, 1982, p. 27.
[32] *Ibid.*, p. 33.

Pues ya no eres esquiva,
acaba ya si quieres;
rompe la tela de este dulce encuentro.

En el momento mismo en el que las palabras
tratan de recrear lo que hay de más misterioso
e inefable en la experiencia del éxtasis, oímos
ecos del verso de Garcilaso, y, lo que es más,
se ha establecido porque San Juan atestigua
que recordaba él aquí, aunque equivocadamente, la forma estrófica, o más bien, una parte
de una forma estrófica de las obras de Garcilaso, que él creía de Boscán[33].

De la misma manera, la poesía de Fernando
de Herrera, estudioso y comentador de su obra,
sigue su ejemplo, como también todos los poetas del barroco y, en realidad, todos los escritores en su lengua que lo admiraban, así como el
mismo Cervantes que, entre muchos otros en
el *Quijote*, repite versos de la «Egloga III» para
lamentar la fingida muerte de Altisidora[34]. Sin
embargo, en este libro, no es a los continuado-
res de Garcilaso en la historia de la lengua a
los que vamos a dirigir nuestra atención. Lla-
maremos, más restringidamente, discípulos, a
un grupo de poetas inmediatamente relaciona-
dos con la innovación italianizante de Boscán
y Garcilaso, varios de ellos amigos personales
de ambos, o al menos de Boscán, que tuvo la
oportunidad de conocerlos o de entablar correspondencia con ellos, puesto que vivió unos
años más.

Este grupo, además de estar formado por sucesores inmediatos de Garcilaso, se caracteriza

---

[33] Dámaso ALONSO, *La poesía de San Juan de la
Cruz*, Madrid, Consejo Superior de Investigaciones
Científicas, 1942, p. 178.

[34] Señala las referencias a Garcilaso en el *Quijote*,
Antonio GALLEGO MORELL en «La voz de Garcilaso en
*Don Quijote*», *Insula*, 29 (1948), p. 2.

por una actitud distinta, en general, de los grupos posteriores. Muy pronto, la poesía va a refugiarse en los claustros y universidades. Pero en esta época es ocupación de nobles y soldados y se compagina muy bien con la administración del gobierno y con la vida de la Corte. No dura mucho esta actitud, aunque siempre sigue existiendo, hasta en la actualidad, un simulacro de atención estatal y de los poderosos hacia las letras. No es eso lo que pasa en el siglo XVI, digamos, en el caso de una figura señera como la de don Diego Hurtado de Mendoza.

## A) DIEGO HURTADO DE MENDOZA (1503-1575)

Una anécdota, quizá apócrifa, pinta mejor su personalidad que tomos de explicaciones. «Estando Hurtado de Embajador en Venecia, y "sabedor de que entre varios prisioneros había un cautivo muy querido del gran turco, lo compró por una gran suma, y sin rescate alguno se lo devolvió a su dueño. Agradeció Solimán la fineza, y no queriendo ser vencido ni aun en cortesía, indagó qué dádiva sería de más gusto para don Diego, y en virtud de indicación suya permitió a los venecianos comprar libremente trigo en sus estados, por la escasez que se padecía en la república, y añadió a esta gracia un regalo de una multitud de manuscritos griegos"» [35]. Años más tarde éstos o quizá otros libros valiosos los donó don Diego a Felipe II para la Biblioteca de El Escorial, en otro gesto de magnanimidad que da idea de la grandeza de su espíritu y nos recuerda que el embajador español era un erudito apasionado, amante lector de los clásicos, cuya influencia es necesario

---

[35] Angel VALBUENA PRAT, *op. cit.*, vol. I, p. 778, n. 3.

tener en cuenta para comprender sus escritos y su función en las letras.

Nacido en Granada, de familia de alta nobleza, don Diego siguió estudios de latín con el famoso Pedro Mártir de Anglería y probablemente estudió en Salamanca y quizá en Siena. Sirvió en la expedición de Túnez en 1535 y fue embajador en Inglaterra en 1536, antes de ocupar el puesto, entonces de extraordinaria importancia, de embajador en Venecia. Desde 1539, cuando tenía unos treinta y seis años, es Hurtado de Mendoza un inestimable cooperador de la corona, puesto que es en Venecia donde se cruzan las corrientes y las informaciones más importantes.

La vida de Venecia en este período es increíblemente rica; y a ella se adapta Hurtado de Mendoza, haciéndose amigo de los más encumbrados intelectuales, persiguiendo los placeres del refinamiento italiano, sin olvidar nunca, claro es, sus deberes. De las amistades de Venecia, es digna de mención la de Pietro Aretino, porque en la obra del Aretino hay puntos de contacto con la de nuestro poeta. Ambos reflejan en su verso las experiencias escabrosas que eran parte de la vida aristocrática del Renacimiento. De entre todo lo que se pensaba entonces, y lo que se decía en verso, sorprende una obsesión que hubiéramos creído ausente, por ejemplo, en las «Estancias vizcaínas»:

A Dios juras, hermoso Catalina;
el tu beldad, el tu extraño hermosura
en corazón de Joancho muy aína
hecho han un crudo y bravo matadura.
Buscado has una y otra medicina,
al mi llago cruel y mi tristura;
llora mi alma siempre desque viote
haya mal, Catalina, quien pariote.

Esta extraña manera de aludir con los géneros mezclados a hechos secretos de la vida biológica resulta algo más clara al leer algunos poemas que hablan directamente de hermafroditas, los que, como sabemos, también interesaron más tarde a Velázquez, hasta el punto que importó éste una estatua italiana, conservada en el Museo del Prado, en la cual se transforma en arte una aberración biológica. Quizá también el nombre Catalina tenga aquí la clave de la interpretación difícil del personaje Catalinón en *El burlador de Sevilla* del siglo siguiente.

Además de a las literarias y artísticas, entre ellas la del Tiziano, se dedicó don Diego a estudios filosóficos y a unos amoríos secretos con una mujer judía, documentados en un capítulo detallado sobre la vida veneciana y la del poeta en la obra fundamental de Angel González Palencia y Eugenio Mele [36]. De este puesto pasó al de embajador en Roma y después al de gobernador en Siena; años durante los cuales también tuvo que atender a negocios estatales en relación con el Concilio de Trento. Tuvo que sufrir como gobernador las consabidas intrigas y disgustos hasta que, en 1552, le ordenó el Emperador volver a la Corte.

Pero los años italianos no son todos de trabajo intenso como representante del gobierno, ni tampoco años disolutos; la energía de don Diego se dirige no sólo a la labor poética, sino también al sueño petrarquista. La dama a quien celebra con el nombre de Marfira es doña Marina de Aragón, distante en la realidad, aunque muy cerca en sus pensamientos. A su muerte, en 1549, escribe una elegía que contiene pasajes

[36] *Vida y obras de don Diego Hurtado de Mendoza*, Madrid, vol. I, parte 3.ª, Instituto Valencia de don Juan, 1943.

de sentida expresión, como cuando se queja de la ambición que lo ha llevado lejos de ella:

Salí triste de mi naturaleza
a buscar en provincias apartadas
mayor reputación, mayor grandeza.

Es a doña Marina de Aragón a quien van sus pensamientos cuando quiere enviarle, o quizá cuando, poco antes de su muerte, le envía como presente y testimonio de respetuosa admiración, un libro de poemas. Como los manuscritos no establecen los detalles con claridad, el soneto que le dedica como portada de un libro tendrá que servir de documento en sí:

Libro, pues que vas ante quien puede
quitar y poner leyes a su mando,
ten cuenta con Damón, allá llegando,
aunque Marfira más te mande y viede.

Sepas muy bien contar cuanto sucede
*después que* Damón vive lamentando;
y pues él va contigo allá cantando,
Marfira te oirá, que se lo debe.

En tanto quedo yo con tal recelo
cual con fortuna brava suele estar,
echando el hierro al mar, el marinero,

lleno de afán y temeroso celo
si afierra el hierro de donde esperar
la salud debe que a Damón espero [37].

La imagen náutica le da un poco de ilusión a este soneto escrito enteramente en el lenguaje común del amor cortés de la época, que también era muy proclive hacia este tipo de imágenes

[37] «A ti, doña Marina», *The Poetry of Don Diego Hurtado de Mendoza Contained in the Autographic Manuscript, Esp. 311, Bibliothèque Nationale, Paris,* ed. C. Malcolm Batchelor, La Habana, Ucar, 1959, p. 87.

náuticas y guerreras. Nótese la rima insuficiente de «debe» en el octavo verso que puede bien ser un recurso poético como afirma un crítico [38], pero que quizá pueda explicarse como descuido del versificador. La idea petrarquista, expresada con autoridad y sencillez —Damón, nombre arcádico del poeta y, por lo tanto, lo mejor y más espiritual de su ser, va con el libro, y a él se le debe el galardón supremo de la atención— está en el poema, pero con cierta brusquedad, característica de la versificación de Mendoza.

Durante este período, su ejemplo como petrarquista y en el uso de los metros nuevos es de mucha importancia para la aceptación de lo italiano. Ejerce gran influencia personal a través de su infatigable labor y correspondencia y por su posición social. De las epístolas en verso es buen ejemplo la que le envía a Boscán, imitación de Horacio en gran parte, pero con fragmentos más originales cuando se refiere a cosas cercanas. Su talento más bien reflexivo y observador, sin embargo, acierta más en lo pensado que en la sensibilidad y en la forma. Por eso mismo quizá es en el soneto «¡Si fuese muerto ya mi pensamiento» donde sentimos la presencia de su mente en deseo de dormir «sueño de eterno olvido» y también su propia historia de hombre que cree en la felicidad fácil de tantos otros a quienes parece lisonjear el pensamiento, mientras que él siempre lo siente enemigo. La fuerza y la exactitud del pensamiento viven luminosas en la octava del soneto, que tiene una pequeña variedad en las rimas, pero el sexteto deshace primero la solemne visión anterior y se amilana al fin al repetir una compara-

---

[38] Mitchell D. TRIWEDI, «On Mendoza's Sonnet to his Book», *Romance Notes*, XII (1970), pp. 413-15.

ción ya utilizada desde Ausias March por todos los poetas del momento [39].

Otras facetas de su estro poético pueden verse en el juguetón soneto «Pedís, Reina, un Soneto, ya le hago» y en la sombría sátira de «Jorge, que fui ladrón hasta una paja». Era muy hábil versificador Mendoza en las formas tradicionales y sus redondillas, originales o traducidas de los clásicos gozaban de merecida reputación. La lectura de su variada y nerviosa poesía no es muy del gusto de hoy, pero trae la convicción de que esta vena moralista y satírica debió de haberse expresado en prosa. Y como historiador no hay duda ya de que escribió la *Guerra de Granada*, publicada póstumamente en 1627, una obra maestra de elegancia y concisión. En ella se juntan toda la preparación humanística, la lectura de los historiadores latinos, el cariño por las cosas de su patria, sus dotes de observador y el lento y minucioso laborar de los años menos aventureros y ruidosos de la monarquía de Felipe II. Estando en la Corte, tuvo el poeta la mala fortuna de entrar en rencilla, al parecer acerca del valor de ciertas coplas, a consecuencia de la cual fue desterrado a Granada en 1568, donde murió siete años después.

Es posible creer que un hombre de tales dotes, en el ambiente de frenética actividad de la época, fuera el autor del libro que le ha atribuido la tradición desde principios del siglo XVII. *La vida de Lazarillo de Tormes* fue publicada anónimamente en tres ediciones de Burgos, Alcalá y Amberes en 1554; quizá existía ya una edición anterior que nunca se ha encontrado. Tal vez porque nos parece tan natural que sea Hurtado de Mendoza el autor de esta obra maestra, quizá porque los otros autores a quie-

---

[39] Véanse las notas a pp. 177 y 178.

nes se le ha atribuido nos atraen mucho menos, o sencillamente porque la labor erudita sigue con paciencia el camino necesario para llegar a la verdad, se ha estudiado muy asiduamente el problema. Aún la moralizadora vena antipetrarquista, que es parte de la tradición picaresca desde la *Tragedia de Calisto y Melibea,* se halla en la poesía del momento, y su clara presencia ayuda a creer que fuera Mendoza el autor del *Lazarillo.* Ya está clara a fines del siglo xv la oposición moralizadora a actitudes de divinización de la mujer en «el amor cortés» medieval. Contra la *religio amoris* se alza la despiadada descripción de Melibea cuando la ven las discípulas de la Celestina, en contraste con la impiedad de la extremada devoción de Calisto que decide no ser cristiano, sino «melibeo».

El anverso del petrarquismo se puede ver hasta en el dulce Garcilaso, cuando en la «Egloga II» el mal de amor puede considerarse locura y tener necesidad de médicos tal «postema». En Mendoza la vena antipetrarquista y sardónica es tan poderosa que llega su poesía a darnos la impresión misma del mundo picaresco. Aunque no sea posible llegar a conclusiones finales, no nos es hoy difícil aceptar provisionalmente que Mendoza haya sido el autor del *Lazarillo,* hasta que un estudio de todos los detalles de estilo pruebe conclusivamente si es o no es de él [40].

---

[40] Interesante es el argumento que aduce, basado en estudios de criptografía, Fred ABRAMS en «Hurtado de Mendoza's Concealed signatures in the *Lazarillo de Tormes*», *Romance Notes,* XV (1973), pp. 341-45. Véase también Erika SPIVAKOSKY, «New Arguments in Favor of Mendoza's Authorship of the *Lazarillo de Tormes*», *Symposium,* XXIV (1970), pp. 67-77.

## B) GUTIERRE DE CETINA (¿1517?-¿1557?)

En Italia, en Venecia misma, se debe de haber formado la amistad de Hurtado de Mendoza con un joven soldado sevillano, Gutierre de Cetina, poeta de más dulzura y más delicado artífice, aunque su figura no descuelle ni en la vida pública del momento ni en la ingrata memoria de la cultura. Casi todo lo que sabemos de su juventud se tiene que espigar en sus propias epístolas. En una de ellas, dirigida a Mendoza, describe acciones militares en Túnez en 1543 y solicita una pintura del Tiziano, en otras hay referencias a lugares en Italia y Alemania. Nos encontramos, pues, con un joven de unos veinticinco años —aún la fecha de nacimiento es incierta— que escribe con soltura, que ejerce la profesión de las armas y que tiene amigos encumbrados.

Sabemos también que pertenecía Cetina a familia de la nobleza y, puesto que su obra juvenil revela buen conocimiento de los clásicos, tenemos que admitir una preparación temprana en las letras. Nos consta, además, que por esos años pasó algún tiempo en la corte de Milán, prestando siempre más atención a las damas que a las armas. Antes de pasar a Méjico, en 1546, debió haber residido algún tiempo en Sevilla, donde trabó amistad con Baltasar del Alcázar y conoció a Jorge de Montemayor. Pero la relación personal que más importancia va a tener en su vida es su servicio y amistad con el malogrado Príncipe de Ascoli, a quien dirigió algunas poesías.

Acompañando a su tío, procurador general de Nueva España, fue a Méjico en busca de aventuras o de fortuna, pero poco es sabido de su éxito en el nuevo ambiente. Su pasión, otra vez una realidad más poética que vivida, por la condesa Laura Gonzaga, parece haber sido olvidada en ultramar, a pesar de que había sido su inspiración durante varios años. A menos que se haya perdido lo que escribió en Méjico, tendremos que creer que Cetina abandonó las musas, aunque continuaran sus inclinaciones amorosas. Una de sus aventuras mejicanas le trajo mal fin en extraño lance de capa y espada del cual tenemos documentada certeza [41].

La injusticia de la fama y el gran renombre del muy imitado madrigal, «Ojos claros, serenos», pueden ser responsables del olvido de otros madrigales de valor, «Cubrir los bellos ojos», por ejemplo, tiene la misma delicadeza de expresión y pensamiento, y quizá de buenos sonetos petrarquistas. La crítica se ha preocupado a menudo de poner énfasis en lo que le faltaba a su musa: «carece... de fogosidad y ternura», y también «distínguense las obras de este esclarecido ingenio, antes por la agradable sencillez de sus formas que por la vigorosa entonación o por el brillante colorido» [42]. Nuestro siglo, sin embargo, comienza a prestarle la atención que merece su talento. Se ha estudiado, por ejemplo, el fondo literario popular y las posibles influencias italianas en el famoso madrigal tanto como su descendencia en la literatura posterior [43]. Pero lo más necesario es aquilatar la técnica de expresión en este poeta de la

---

[41] En Francisco A. DE ICAZA, *Sucesos reales que parecen imaginados. De Gutierre Cetina, Juan de la Cueva y Mateo Alemán,* Madrid, Imprenta de Fontanet, 1919, se relatan sus peripecias extraordinarias y románticas, basadas en los documentos publicados anteriormente por Francisco Rodríguez Marín.

[42] Adolfo DE CASTRO, *Poetas líricos de los siglos XVI y XVII,* Madrid, Rivadeneyra, 1854, p. XVII.

[43] Eugenio MELE y Narciso ALONSO CORTÉS, *Sobre los amores de Gutierre de Cetina y su famoso madrigal,* Valladolid, 1930. Véase también nota a p. 229.

facilidad. La controversia ya había comenzado con sus contemporáneos, que lo consideraban «como un poeta blando y amoroso, pero al que, como decía Herrera, "fáltale el espíritu y vigor", ciertamente porque, como bien escribe del estilo poético Gabriel Bocángel, "a unos le agrada lo dulce (y) otros lo llaman desnervado". "Afectuoso y tierno, pero sin vigor ni nervio", dice de él Saavedra Fajardo. Todo ello indica la manera, delicada y armoniosa, de Gutierre de Cetina, poeta del amor»[44].

Cetina es, ante todo, un traductor infatigable. De sus cientos de sonetos, a muchos se les ha encontrado fuente tan parecida que más que de influencia habrá que hablar de traducción libre o imitación muy fiel. No importa lo que fuera, sigue Cetina a Ausias March, a Petrarca, a Ariosto, a poetas menores del momento que eran amigos o conocidos suyos, como Luigi Tansillo o Ludovico Dolce[45]. Si la poesía «La pulga» es de Cetina, aunque ha sido atribuida también a Mendoza, sería excelente ejemplo de esta imitación fiel o casi traducción. Por otra parte, tiene también importancia histórica pues muestra la adaptación de un tema popular que conserva en esta versión el vigor inusitado de su humor y el empuje de su sensualidad. Aunque la vida moderna nos ha hecho posible descartar el tema, es interesante ver cómo enardecía las imaginaciones juveniles y además recordar que pudo encontrar profundidad de emoción en su más famoso avatar en la literatura inglesa, cuando en «The Flea», John Donne pudo hacer de la infame pulga testimonio de amor en la «mezcla de dos sangres».

---

[44] Guillermo Díaz Plaja, *op. cit.*, p. 108.
[45] Véase Alfred Miles Withers, *The Sources of the Poetry of Gutierre de Cetina*, Filadelfia, Wesbrook Publishing Company, 1923.

De la locuacidad andaluza de Cetina tal vez provenga su extraordinaria facilidad en el soneto, que parece a veces improvisado. Quizá el hado que lo privó de una madurez pensadora nos hace ver su obra como inacabada y ligera. Pero hay que aceptar que pocos poetas han sabido manejar el soneto con el encanto que hallamos hoy en «Como la oscura noche al claro día», en el que el verso final «quien ciego tras un ciego a ciegas sigue» tiene en su cargada aliteración toda la perfección y la fuerza que le negamos al poeta. Los sonetos relatan en su mayor parte los amores de Vandalio, nombre poético de Cetina, y están dirigidos muchas veces a Dórida y a Amarílida o a otras damas del mundo bucólico que se esconden bajo nombres de pastoras, ya a Laura de Gonzaga, ya a otras damas encumbradas e inasequibles. Sin embargo, entre tanto juego se deslizan momentos de increíble sutileza y tristísimo desencanto.

Tampoco le falta «espíritu y vigor» al poeta cuando honra a los héroes en derrota, «A los huesos de los españoles muertos en Castelnuovo» o cuando en «Al Emperador» habla del honor «que dará perpetuamente / a Carlos Quinto Máximo la fama». Cierto es que no escasea en el siglo el pensamiento cesáreo y el orgullo imperial y que, en esto, como en tantas otras cosas, no es Cetina original en pensamiento o expresión; lo que lo coloca de lleno en su tiempo, puesto que el mismo concepto de originalidad era poco menos que inconcebible para el poeta del siglo XVI. Su destreza en la forma, y en especial en la estructura de los sonetos, en los que competía directamente con los ejemplares de Garcilaso, le asegura un puesto en nuestra memoria y un lugar especial en nuestra lectura.

## C) HERNANDO DE ACUÑA (¿1520?-1580)

El ideal de unidad católica se condensa con orgullo imperial y perfecta expresión en un soneto que ha pasado a todas las antologías, «Al rey, nuestro señor», de Hernando de Acuña. «Un Monarca, un Imperio, y una Espada» pide la voz del mismo soldado que en las octavas «A su Majestad» le recuerda al Emperador la necesidad de aceptar lo que rinde el corazón sincero «como César humano humanamente». Por mucho tiempo, la voz de Acuña había sido reducida en nuestras letras a la lectura de la primera de estas composiciones o, a lo sumo, de las dos. Con los estudios de nuestro siglo, empezamos a ver en él un aventajado discípulo de Garcilaso, con voz propia y clara personalidad.

Nacido en Valladolid, de familia noble, sabemos que sirvió en las tropas de Carlos V desde 1536, en las que también servía su hermano Pedro. Si bien Pedro fue compañero de Garcilaso, es dudoso que Hernando lo hubiera conocido, ya que tenía sólo unos dieciséis años en 1536. Cuando Pedro murió en el Piamonte, le sucedió Hernando en el mando de una compañía y siguió en el ejército imperial hasta que fue preso de los franceses en la derrota de Ceresola. La prisión sirvió de tema a más de un poema suyo, y cuando fue puesto en libertad volvió al ejercicio de las armas y recibió puestos de cierta importancia en el extranjero. Sirvió durante el reinado de Carlos V y luego el de Felipe II y, en sus propias palabras, cuando «se movió la guerra en que se tomó San Quintín, en la cual serví con mi persona por no habérseme mandado otra cosa... en todo esto... serví siempre a mi costa sin gajes ni otro entretenimiento y así quedé siempre olvidado y sin tener con qué vivir, habiendo gastado todo lo que tenía... y en otros servicios que dejo de referir por no cansar a Vuestra Majestad, al cual suplico tenga memoria de todo lo que aquí digo para mandar se recompense algo a Doña Juana» [46].

Después de muchos años de guerrear, volvió a España el vallisoletano Acuña a residir en Granada, donde se casó con Juana de Zúñiga y vivió en relativa oscuridad unos veinte años. Sirva el «Memorial» de testamento de su amor conyugal, correspondido por su esposa, aun después de su muerte, con la primera publicación, incorrecta y desordenada, por supuesto, de una colección de poemas: «doña Juana debió de exhumar de algún viejo mueble, donde su marido las tendría en informe montón, toda clase de composiciones propias y ajenas, y darlas sin más revisión al impresor P. Madrigal, que siguió el mismo caótico sistema para editar el libro» [47]. Además de poesías originales es autor Acuña de una traducción en verso de *Le Chevalier délibéré* de Olivier de la Marche, o probablemente sólo puso en verso una traducción de Carlos V, quien habría tratado de aprender el idioma escribiendo una versión en prosa de este libro, uno de sus favoritos.

Gracias a los editores modernos podemos ver en Acuña, además del autor de endecasílabos engolados y aparte de sus creencias imperiales, que compartía por cierto con casi todos los autores de la época, un poeta de sencillez de expresión en la misma alambicada estructura del soneto, y capaz de poner en verso su propia

---

[46] «Memorial de don Hernando de Acuña a Felipe II», en *Varias poesías*, ed. de Antonio Vilanova, Barcelona, Selecciones Bibliófilas, 1954, p. 28.

[47] Elena CATENA DE VINDEL, «Nota bibliográfica», *Varias poesías de Hernando de Acuña*, Madrid, Consejo Superior de Investigaciones Científicas, 1954, p. 8.

visión melancólica, a veces con inusitada profundidad. Si leemos con cuidado el soneto «Pues se conforma nuestra compañía», podemos ver en él toda la intimidad de un amante introspectivo cuando le pide, «no dejes soledad de acompañarme», a la única compañía del solitario. Si no hay aquí, que puede haberlo, un antecedente directo de Antonio Machado, al menos, convéngase, hay una continuidad de actitud poética que es parte del cuadro total de la lengua. A través de los siglos repite un andaluz en Castilla la muy española experiencia de la soledad, de manera paralela a la que había sentido un castellano en Andalucía.

El soneto «Como vemos que un río mansamente», entre otros, define la experiencia que el mundo nos debe y que nos hace importantes cuando, como los obstáculos al río, se pone el «amor delante». Su obra incluye también poemas de emoción religiosa, de los cuales, el muy sentido soneto «El Viernes Santo al Alma» merece sin duda recordarse. Tenía además la habilidad de presentar lo mitológico con gran fuerza, por ejemplo en «Icaro» y en «De la alta torre al mar Hero miraba». Sus poemas mayores, no obstante, por la dependencia extrema de Garcilaso y los profundos cambios de sensibilidad desde entonces, han perdido casi todo interés, excepto para el historiador. En cambio, en «Elegía», donde tiene algo íntimo que revelar, las palabras «a una partida» pueden todavía conmovernos, cuando «el alma se divide que era entera».


D)    GREGORIO SILVESTRE (1520-1569)

En la ciudad de Lisboa, donde residía la familia, alternando con la villa de Zafra en Extremadura, durante la noche del 30 al 31 de diciembre de 1520, nació Gregorio Silvestre Rodríguez de Mesa, «a quien en recuerdo de los dos santos conmemorados en aquellas fechas se bautizó con los dos nombres con que se le conoce en las letras portuguesas y castellanas» [48]. Su familia debió mantener relaciones amistosas con la ilustre casa de los Suárez de Figueroa, condes de Feria y señores de la villa extremeña Zafra, a quienes entró a servir Gregorio Silvestre a los catorce años. Su niñez y adolescencia en esta villa deben haber sido dedicadas al estudio casi exclusivo de la música, en la que llegó a ser muy famoso en su temprana juventud. Quizá adquirió aquí, al mismo tiempo, la afición al ajedrez, ya que vivía entonces en la villa el famoso ajedrecista Ruy López de Segura.

Ganó a los veintiún años las muy difíciles oposiciones al puesto de organista de la Catedral de Granada, donde se radicó y contrajo matrimonio con Juana de Cazorla y Peralta, algo después. Poco sabemos de su vida, quizá porque su actividad de músico era tan distinta de la mayoría de los poetas que hemos estudiado. Ni la iglesia, ni el gobierno, ni el ejército fueron parte de su vida que parece haber sido apacible por estos años y dedicada a la música y a la poesía. De alguna manera, difícil establecer cómo, le llegó la influencia de Cristóbal de Castillejo, aunque no en persona, ya que no coincidieron en la misma ciudad de Granada al tiempo. El magisterio, no obstante, está fuera de duda: sigue Gregorio Silvestre en la juventud tanto la oposición a los italianizantes y la burla de sus esfuerzos como el cariño por las canciones tradicionales, que debieron unirse en

---

[48] A. MARÍN OCETE, *Gregorio Silvestre. Estudio biográfico y crítico*, Granada, Publicaciones de la Facultad de Letras, 1939, p. 14.

él a su devoción por la música. Sólo le faltó «al discípulo la tozuda firmeza del maestro. Al cabo se rindió él mismo al italianismo triunfante» [49]. Una distinción es necesaria: Castillejo es más totalmente hombre del Renacimiento aun en su obra de metro tradicional, y en él no hay realmente cambio de una manera a la otra con la edad; no es así en Silvestre, quien se rinde a las amistades granadinas y pasa a lo que constituía para él una novedad después de haberse dedicado al canto y a la poesía de tipo cancioneril. Entre sus amistades granadinas se contaron ciertamente Diego Hurtado de Mendoza, Hernando de Acuña y el célebre humanista de raza negra, Juan Latino. Mientras que la influencia de Castillejo es clara y rotunda, la de los humanistas y petrarquistas, por el contrario, es muy difícil de precisar, puesto que temas y formas y aun fórmulas de estilo eran comunes a todos ellos.

Después de casi dos décadas de lo que creemos que fue una vida apacible y llena de sol, entre amigos y con una familia numerosa y feliz, le tocó al poeta vivir los difíciles años de las sublevaciones moriscas. En 1568 y 1569 la guerra civil hacía de Granada una ciudad casi sitiada, y sus habitantes vivían días de zozobra. Cuando creía Gregorio Silvestre, equivocadamente por cierto, que las tropas cristianas habían acabado con la rebelión y se preparaba a celebrar el triunfo, falleció su mujer, y su espíritu quebrantado no pudo siquiera sobrevivirla el tiempo suficiente para componer las elegías que pensaba dedicarle.

Las obras del poeta se publicaron póstumamente en Granada en 1582 y no incluían todos sus escritos, faltando, entre muchos otros,

---

[49] *Ibid.*, p. 19.

«aquellos nueve entremeses que anualmente escribía Silvestre para la catedral de que era organista»[50]. Gran parte de la obra perdida, como estos entremeses, debió de ser muy tradicionalista en espíritu y forma. De lo que nos queda, numerosos villancicos y glosas dan testimonio de talento y habilidad, pero, aparte su delicadeza de oído y manera encantadora de reforzar lo popular o tradicional, no se ve en ellos la maestría del poeta de primera línea. Quizá podríamos decir lo mismo de las obras en forma italianizante, como resulta claro en las liras seleccionadas. Y aun sus sonetos de amor petrarquista, en una época en que los sonetos bien rimados y de admirable estructura son tan numerosos, no son superiores, ni inferiores, claro, a tantos otros. Pero lo que resalta entre sus poesías son los pocos sonetos de emoción religiosa. «Aquel que sin moverse manda y mueve» y «Reclínate en el tálamo precioso», son dos poemas que establecen los dos polos del sentimiento religioso, con igual precisión: la fe y confianza, a pesar de lo deleznable de la condición humana, al esperar que Aquél «me pague lo que debo con su cielo» y el terror opuesto que imagina la posibilida de «que no puedas mirar al sol de lleno / y te eche como ajena de su nido».

Entre los escritores que cultivaron los metros italianos, se hallan los novelistas que intercalaban poemas en su prosa. Sobre todo en la nove-

---

[50] Martín Luis GUZMÁN, «Algunas poesías atribuidas a Gregorio Silvestre», *Revue Hispanique*, XXXV (1915), p. 439, cita a este efecto a D. Domingo GARCÍA PERES, *Catálogo razonado y bibliográfico de los autores portugueses que escribieron en castellano*, p. 522. Como puede verse hay aquí una visión errónea: Gregorio Silvestre era portugués de nacimiento, pero era escritor castellano, tanto como portugués.

la pastoril, de moda en el siglo XVI, era ésta una
constante intrusión, o lo parece hoy, puesto que,
para el lector de entonces, los poemas intercala-
dos ayudaban probablemente al deleite de las
descripciones, los paisajes y los relatos de amores idílicos. En contra del mundo amargo y
hambriento de la picaresca, se refugiaba la imaginación en el juego bucólico de amantes y peripecias. A mediados de siglo tiene gran éxito
la prosa tersa de Jorge Montemayor en su *Diana*, a la que siguen imitaciones y continuaciones
durante el resto del siglo. Tanto Montemayor
como sus sucesores intercalan poesía en estas
novelas bucólicas, a veces con extraordinario
talento. De todos ellos el que más interés tiene
como poeta es el valenciano Gaspar Gil Polo y
se le ha incorporado a esta antología, aunque,
en rigor, su puesto en la literatura española
deba encontrarse entre los prosistas.

E)   GASPAR GIL POLO (¿1529?-1581)

Es Gil Polo un esmerado versificador y tiene
importancia como innovador porque «era un
hombre hondamente preocupado por las posibilidades que le brindaba la métrica, y con su
inspiración poética intensa buscaba formas y
modelos en donde poder verterla con mayor
probabilidad de éxito»[51].

Su *Diana enamorada*, publicada en Valencia
en 1564, sigue a Montemayor, pero también presenta una concepción neoplatónica del amor
razonable y mesurado, aprendida en Bembo,

---

[51] E. SEGURA COVARSÍ, *La canción petrarquista en la
lírica española del Siglo de Oro*, Madrid, Consejo Superior de Investigaciones Científicas, 1949, p. 134.

que critica implícitamente la visión idealizada e imposible del mundo pastoril. En cuanto a su lírica, como la de todos los poetas del momento, se ejercita sin dificultad en los versos tradicionales y en los italianizantes. Agrega Gil Polo combinaciones de endecasílabos y heptasílabos, sin interés para el momento, aunque muy probablemente hayan servido de modelo mucho más tarde para innovaciones románticas y modernistas:

> Mil horas son más largas que los días
> las noches frías,
> espesa niebla
> con la tiniebla
> oscura y triste
> el aire viste,

o «versos franceses» que en realidad son alejandrinos muy raramente usados en aquel siglo:

> Remeden vuestras voces las aves amorosas,
> los ventecicos suaves os hagan dulce fiesta,
> alégrese con veros el campo y la floresta,
> y os vengan a las manos las flores olorosas.

y que nos recuerdan al Rubén Darío de *Prosas profanas* en sus descripciones del campo argentino. Las descripciones de Gil Polo, claro es, corresponden a la región del Levante, tanto en prosa como en verso, y son parte de una tradición revivida en nuestro siglo. Su vida no tiene gran interés para nosotros; sabemos que fue profesor de griego en la universidad de su ciudad natal y que murió en Barcelona.

De Gil Polo se lee todavía la «Canción de Nerea», ejemplo de égloga piscatoria, aunque no ya con el entusiasmo de Menéndez y Pelayo. Para nuestro gusto es más bien empalagosa que dulce. Pero no se crea que la bucólica española es todo contraste idílico al sombrío mundo de la picaresca. Sabía también negar Gil Polo que fuera el amor la suma de la felicidad, y burlarse de la debilidad humana en uno de sus más acabados sonetos, «No es ciego Amor, mas yo lo soy, que guío», cuyo verso final, si no digno de Quevedo, se aproxima al desencanto del barroco: «mirad qué negro Dios el que adoramos».

F) FRANCISCO DE FIGUEROA (1536-¿1617?)

Si, después de Garcilaso, es Gutierre de Cetina el más hábil sonetista del período, por su extraordinaria facilidad en la forma y su pericia, en la profundidad del pensamiento y la expresión acertada el único rival del maestro es Francisco de Figueroa, «el divino», para la época, que usa el apodo con más generosidad de la necesaria, pero que no se equivocó en este caso. Nacido en Alcalá de Henares, Figueroa pertenece al grupo de poetas soldados que vivieron en Italia. Aprendió Figueroa la lengua toscana tan esmeradamente que pudo escribir largas composiciones combinando un verso italiano seguido de uno castellano. Por desgracia, esta *tour de force* no tiene validez hoy, todo lo contrario, disminuye grandemente el interés del lector. Para mayor desgracia, el mismo poeta ordenó la destrucción de su obra, poco antes de morir, y lo publicado póstumamente, en 1626, es sólo parte exigua de lo que escribió.

Los datos biográficos que conservamos son escuetos. Se retiró a su ciudad natal donde gozó de gran consideración hasta su muerte[52]. Su temperamento retraído se refleja en una poesía pensativa y profunda. De los sonetos seleccio-

---

[52] Lo poco que se sabe de su biografía está resumido en E. MELE y A. GONZÁLEZ PALENCIA, «Noticias biográficas de Figueroa», *Revista de Filosofía Española*, XXV (1941), pp. 364-66.

nados en esta antología, «Ocio manso del alma, sosegado» es quizá el mejor conocido. Tiene su suave fluir algo del «tranquilo compás» del famoso soneto de Shakespeare «Sweet silent thought» que recuerda Miguel de Unamuno en «Dulce silencioso pensamiento». Aunque los temas sean distintos, el sueño apaciguador en Figueroa, el callado pensar en Unamuno y Shakespeare, ciertos parecidos de actitud nos inclinan a ver en Figueroa un remoto antecesor de los mejores sonetos del autor del *Rosario de sonetos líricos*.

«Bien te miro correr, tiempo ligero» tiene aún más contemporaneidad y debería ser mejor conocido. En él un tema caro a Quevedo y a nuestro siglo, el correr del tiempo, adquiere una visión ético-religiosa que termina en la más viril plegaria:

> Señor, tu soplo aliente al albedrío:
> Despierte al alma: al corazón manchado
> limpie; y ablande el pecho endurecido.

El petrarquismo de Figueroa no es sólo un dulce lamentar, sus emociones religiosas no son vanas quejas; su verso tiene una dignidad casi adusta que lo coloca aparte de sus contemporáneos. Y la arquitectura de los sonetos, en apariencia no estudiada y casi fácil, puede, en observación detallada, descubrir una mente sutil y penetrante. En el soneto «Perdido ando señora, entre la gente» creemos ver a primera lectura quizá, sólo un lamento petrarquista más. A poco que lo examinemos, nos damos cuenta de que hay aquí un rehacer o recrearse del viejo tema «Sin Dios, sin vos y mí» de una canción de Jorge Manrique [53]. La compleja incorporación del estribillo antiguo procede casi como una

---

[53] Véase nota a p. 284.

glosa. No es, sin embargo, una mera repetición de conceptos poéticos, ya que la arquitectura misma procede en enumeración ascendente —y cada concepto establece su superioridad en el número de versos que lo expresan— hasta llegar al «sin vida» que, extrañamente, es posterior y requiere más extensión que el concepto anterior, Dios.

6. GARCILASO EN PORTUGAL

En la última sección de esta antología se ha tratado de presentar muy ligeramente el hecho de que ocurre en la poesía portuguesa un fenómeno semejante al castellano y que en ella también se siente la presencia de Garcilaso. Claro que un estudio de la poesía renacentista en Portugal no tiene cabida en lo que es sólo castellano. Pero varios poetas portugueses escribieron en español y, para dar una idea de cómo contribuyeron, se han elegido algunos trozos castellanos de FRANCISCO DE SÁ DE MIRANDA (1495-1558) que tiene en Portugal un papel parecido al de Boscán en la introducción de formas italianas. Escribió en los metros antiguos y en los nuevos, y algunos de sus sonetos en español, como «A la muerte de Leandro», pueden compararse a los mejores de la época. Estuvo Sá de Miranda en la corte española y visitó Granada en 1526, donde es posible que conociera a Boscán y a Garcilaso y aun a Navagero, y así que compartiera la aventura italianizante desde sus comienzos. Garcilaso mismo parece haberle enviado un manuscrito de sus poesías como regalo de bodas en la década siguiente.

En contraste con las setenta y cinco poesías castellanas que escribió Sá de Miranda, LUIS VAZ DE CAMÕENS (1524-1580) es autor de sólo once sonetos, algunos tercetos y unos pocos villancicos incluidos en sus comedias. Sin embargo, el genio de Camões, cuya obra es la más representativa del arte lusitano, se puede entrever en algunos momentos de su minúscula producción en español, sin adquirir desde luego ni remotamente la importancia capital de su obra en otros derroteros. Como todos los poetas del siglo XVI, supo Camões narrar el mito clásico con extraordinaria concisión y destreza, en «Orfeo enamorado que tañía», o dar expresión a su queja de amor y desdicha, en «Ondas que por el mundo caminando», tanto como proyectar su imaginación para expresar el amor femenino en fino cantar, en «Irme quiero, madre». Al lado de su ingente labor en portugués quedan estas pequeñas labores de delicada orfebrería y sus repetidas menciones del querido poeta toledano, como también el eco y la reverencia de los versos «Dó están los claros ojos que colgada / mi alma tras de sí llevar solían», entre tantos otros, como testimonio de su sincera y profunda admiración por Garcilaso de la Vega.

# CRITERIOS DE ESTA EDICION

Para las poesías de Boscán se usa la edición de Martín de Riquer, Antonio Comas y Joaquín Molas, *Obras poéticas*, Barcelona, Facultad de Filosofía y Letras, 1957. Las poesías de Garcilaso se editan de acuerdo con la edición de 1543, publicada modernamente por Elias L. Rivers, *Obras completas*, Columbus, Ohio State University Press, 1964, y con las variantes incorporadas en mi edición de las *Poesías completas*, Salamanca, Almar, 1978. Sólo en este autor se ha optado por añadir notas textuales, más propias de ediciones críticas, porque tenemos en su poesía, desde los viejos tiempos de «El Brocense» a la refinada labor reciente de Alberto Blecua, una tradición de comentaristas y estudiosos cuya más amplia difusión es extremadamente deseable. Los poemas de Cristóbal de Castillejo provienen de sus *Obras*, editadas por J. Domínguez Bordona, Madrid, La Lectura, 1926-28. Para Baltasar del Alcázar, utilizamos las *Poesías*, ed. Francisco Rodríguez Marín, Madrid, Librería de los Sucesores de Hernando, 1910. La selección de Diego Hurtado de Mendoza proviene de *Obras poéticas*, ed. William I. Knapp, Madrid, Imp. Miguel Ginesta, 1877. En el caso de Gutierre de Cetina, se han utilizado sus *Obras*, ed. Joaquín Hazañas y la Rúa, Sevilla, Imp. Francisco de P. Díaz, 1895. La antología de Hernando de Acuña proviene de *Varias poesías*, ed. Elena Catena de Vindel, Madrid, Instituto Superior de Investigaciones Científicas, 1954. Los poemas de Gregorio Silvestre proceden de *Poesías*, ed. A. Marín Ocete, Granada, Publicaciones de la Facultad de Letras, 1938. La selección de poemas de Gaspar Gil Polo se toma de *Diana enamorada*, ed. Rafael Ferreres, Madrid, Espasa-Calpe, 1973. Para Francisco de Figueroa se utilizó *Ocio manso del alma*, ed. José Ricardo Morales, Santiago de Chile, Cruz del Sur, 1943. Los poemas de Sá de Miranda provienen de sus *Obras completas*, ed. M. Rodrigues Lapa, Lisboa, Sá de Costa, 1960. Finalmente, para la selección de poesías de Camõens se ha usado las *Obras completas*, ed. Antonio Salgado Júnior, Río de Janeiro, Companhia Aguilar, 1963. Existe también una edición muy útil de sus *Poesías castellanas y autos*, ed. Marques Braga, Lisboa, Imp. Nacional, 1929.

Para facilitar la lectura se ha modernizado la grafía, los signos de puntuación, el uso de mayúsculas y minúsculas y cuanto, sin cambiar lo esencial de la poesía renacentista, puede ser motivo de resistencia y duda en el lector de hoy. Para satisfacer el endecasílabo o la rima, sin embargo, ha sido necesario respetar algunas peculiaridades antiguas. El pronombre enclítico con el infinitivo verbal —vello, amallo— es, sin duda, demasiado anticuado, pero no se le puede cambiar sin destruir las rimas necesarias. Las formas anticuadas o desusadas se explican en el «Glosario».

Se ha tratado siempre de elegir los poemas que más cerca están de la sensibilidad moderna, o al menos aquellos que todavía mantienen el interés hoy, y en cada poeta en número suficiente para que pueda el lector comprender su personalidad y su contribución. Los asteriscos en el texto remiten a las «Notas explicativas», donde se da entre paréntesis el número de la página en la que aparece la expresión anotada, ya sea para explicar dificultades esenciales del lenguaje poético, ya para llamar la atención sobre hechos históricos o culturales de importancia o que puedan ayudar a una más profunda o acertada comprensión del poema y del autor, o de su vida y su época.

Titulo siguiendo el orden de esta selección, salvo en varios casos específicos.

# BIBLIOGRAFIA

En la sección de EDICIONES se incluyen los textos más importantes de los poetas antologados y en ESTUDIOS unos cuantos trabajos cuyas respectivas bibliografías pueden servir para ampliar y completar la lectura, además de los libros y artículos citados en la «Introducción» y en las «Notas explicativas».

## I. *EDICIONES*

ACUÑA, Hernando de, *Varias poesías*, ed. Antonio Vilanova, Barcelona, Selecciones Bibliófilas, 1954.
————, *Varias poesías*, ed. Elena Catena de Vindel, Madrid, Consejo Superior de Investigaciones Científicas, 1954.

ALCÁZAR, Baltasar del, *Poesías*, ed. Francisco Rodríguez Marín, Madrid, Librería de los Sucesores de Hernando, 1910.

BOSCÁN, Juan, *Obras poéticas de J. B.*, ed. Martín de Riquer, Antonio Comas y Joaquín Molas, Barcelona, Facultad de Filosofía y Letras, 1957.

CAMÕENS, Luis de, *Obras completas*, ed. Antonio lar, 1963.
————, *Poesías castellanas y autos*, ed. Marques Braga, Lisboa, Imprenta Nacional, 1929.

CASTILLEJO, Cristóbal de, *Obras*, ed. J. Domínguez Bordona, Madrid, La Lectura, 1926-28.

CETINA, Gutierre de, *Obras*, ed. Joaquín Hazañas y la Rúa, Sevilla, Imp. de Francisco de P. Díaz,

1895; *Sonetos y madrigales completos*, ed. B. López Buero, Madrid, Cátedra, 1981.

————, *Poesías*, selección y prólogo de José M.ª Espinás, Barcelona, Fana, 1956.

FIGUEROA, Francisco de, *Obras*, publicadas por Luis Tribaldos de Toledo, Lisboa, 1626, ed. facsimilar, Nueva York, The Vine Press, Hispanic Society of America, 1903.

————, *Ocio manso del alma*, Santiago de Chile, Cruz del Sur, 1943.

GIL POLO, Gaspar, *Diana enamorada*, ed. Rafael Ferreres, Madrid, Espasa-Calpe, 1973.

HURTADO DE MENDOZA, Diego, *Epístolas y otras poesías*, ed. Pedro Bohigas, Barcelona, Montaner y Simón, 1944.

————, *Obras poéticas*, ed. William I. Knapp, Madrid, Imprenta de Miguel Ginesta, 1977.

————, «A ti, doña Marina», *The Poetry of don Diego Hurtado de Mendoza Contained in the Authographic Manuscript, Esp. 311, Bibliothèque Nationale, Paris*, ed. C. Malcolm Batchelor, La Habana, Ucar, 1959.

SA DE MIRANDA, Francisco de, *Obras completas*, ed. de M. Rodrigues Lapa, Lisboa, Sá da Costa, 1960.

SILVESTRE, Gregorio, *Poesías*, ed. A. Marín Ocete, Granada, Publicaciones de la Facultad de Letras, 1938.

VEGA, Garcilaso de la, *Las obras de Boscán y algunas de Garcilaso repartidas en cuatro libros*, Barcelona, Carlos Amorós, 1543.

————, *Obras del excelente poeta Garci Lasso de la Vega*, con anotaciones y enmiendas del Licenciado Francisco Sánchez (El Brocense), Salamanca, Pedro Lasso, 1574.

————, *Obras del excelente poeta Garci Lasso de la Vega*, con anotaciones del Maestro Francisco Sánchez (El Brocense), Salamanca, Pedro Lasso, 1577.

————, *Obras de Garcilaso de la Vega*, ed. Fernando de Herrera, Sevilla, Barrera, 1580.

————, *Garcilaso de la Vega, natural de Toledo, príncipe de los poetas castellanos*, ed. Tomás Tamayo de Vargas, Madrid, Luis Sánchez, 1622.

—————, *Obras de Garcilaso de la Vega*, ilustradas con notas de don José Nicolás de Azara, Madrid, Imprenta Real de la Gaceta, 1765.

—————, *Obras*, ed. T. Navarro Tomás, Clásicos Castellanos, 1911.

—————, *Garcilaso. Works, A Critical Text with a Bibliography*, ed. Hayward Keniston, Nueva York, Hispanic Society of America, 1925.

—————, *Obras completas*, ed. Elias Rivers, Columbus, Ohio State University Press, 1964.

—————, *Obras completas con comentario*, ed. Elias Rivers, Columbus, Ohio State University Press, 1972.

—————, *Garcilaso de la Vega y sus comentaristas*. Obras completas del poeta acompañadas de los textos íntegros de los comentarios de El Brocense, Fernando de Herrera, Tamayo de Vargas y José Nicolás de Azara. Edición, introducción, notas, cronología, bibliografía e índices de autores citados por Antonio Gallego Morell. Segunda edición revisada y aumentada, Madrid, Gredos, 1972.

—————, *Poesías completas*, ed. Bernardo Gicovate, Salamanca, Almar, 1978.


## II. ESTUDIOS

ABRAMS, F., «Concealed signatures in the *Lazarillo de Tormes*», *Romance Notes*, XV (1973), pp. 341-345.

ALONSO, D., *Poesía española, ensayo de métodos estilísticos*, Madrid, Gredos, 1957.

ALONSO CORTÉS, N., *Don Hernando de Acuña, noticias biográficas*, Valladolid, Viuda de Montero, Biblioteca Studium, 1913.

ARCE BLANCO, M., *Garcilaso de la Vega: contribución al estudio de la lírica española del siglo XVI*, Madrid, Imprenta de la Librería y Casa Editorial Hernando, 1930.

BARNARD, M. E., «The Grotesque and the Courtly in Garcilaso's, Apollo and Dafne», *Romanic Review*, LXXII (1981), pp. 253-73.

BLECUA, A., *En el texto de Garcilaso*, Madrid, Insula, 1970.

CASTRO, A. de, *Poetas líricos de los siglos XVI y XVII*, M. Rivadeneyra, Madrid, 1854.

CÓRDOVA, S. de, *Las obras de Boscán y Garcilaso trasladadas en materias cristianas y religiosas*, Granada, 1575.

————, *Garcilaso a lo divino*, ed. G. R. Gale, Castalia, University of Michigan, 1971.

COVARRUBIAS, S. de, *Tesoro de la lengua castellana o española*, ed. M. de Riquer, Barcelona, Horta, 1943.

CUEVAS, C., ed., *Fray Luis de León y la escuela Salmantina*, Madrid, Taurus, 1982.

DÍAZ PLAJA, G., *La poesía lírica española*, Barcelona, Labor, 1937.

DUTTON, B., «Garcilaso's *sin duelo*», *Modern Language Notes*, LXXX (1965), pp. 251-58.

ENTWISTLE, W. J., «La date de l'*égloga primera* de Garcilaso de la Vega», *Bulletin Hispanique*, XXXII (1930), pp. 254-56.

FERNÁNDEZ DE NAVARRETE, E., «Vida del célebre poeta Garcilaso de la Vega», en *Colección de documentos inéditos para la historia de España*, eds. Miguel Salvá y Pedro de Baranda, vol. XVI, Madrid, Imprenta de la Viuda de Calero, 1850, pp. 5-287.

GALLEGO MORELL, A., «Bibliografía de Garcilaso», *Revista bibliográfica y documental*, III (1949), pp. 52-92.

————, *Garcilaso de la Vega y sus comentaristas*, Granada, Universidad de Granada, 1966.

————, «La escuela poética de Garcilaso», *Arbor*, XVII (1950), pp. 27-47.

————, «La voz de Garcilaso en *Don Quijote*», *Insula*, 29 (1948), p. 2.

GICOVATE, B., *Garcilaso de la Vega*, Nueva York, Twayne, 1975.

GLASER, E., «"El cobre convertido en oro". Christian *Rifacimentos* of Garcilaso's Poetry in the Sixteenth and Seventeenth Centuries», *Hispanic Review*, XXXVII (1966), pp. 61-76.

GONZÁLEZ PALENCIA, A., y MELE, E., *Vida y obras*

*de Don Diego Hurtado de Mendoza*, Madrid, Instituto Valencia de Don Juan, 1941-43.

GREEN, O. H., «The Abode of the Blest in Garcilaso's "Egloga I"», *Romance Philogy*, VI (1953), pp. 272-278.

GUZMÁN, M. L., «Algunas poesías atribuidas a Gregorio Silvestre», *Revue Hispanique*, XXXV (1915), pp. 439-75.

HENRÍQUEZ UREÑA, P., *La versificación irregular en la poesía castellana*, Madrid, Centro de Estudios Históricos, 1933.

ICAZA, A. de, *Sucesos reales que parecen imaginados. De Gutierre de Cetina, Juan de la Cueva y Mateo Alemán*, Madrid, Imprenta de Fontanet, 1919.

KENISTON, H., *Garcilaso de la Vega. A Critical Study of his Life and Works*, Nueva York, Hispanic Society of America, 1922.

LAPESA, R., *La trayectoria poética de Garcilaso*, Madrid, Revista de Occidente, 1948.

MARÍN OCETE, A., *Gregorio Silvestre. Estudio biográfico y crítico*, Granada, Publicaciones de la Facultad de Letras, 1939.

MARTÍNEZ LÓPEZ, E., «Sobre aquella bestialidad de Garcilaso ("Egloga III, 230")», *Publications of the Modern Language Association of America*, LXXXVII (1972), pp. 12-25.

MELE, E., «In margine alla poesia de Garcilaso», *Bulletin Hispanique*, XXXI (1930), pp. 218-245.

MELE, E., y N. Alonso Cortés, *Sobre los amores de Gutierre de Cetina y su famoso madrigal*, Valladolid, Imp. E. Zapatero, 1930.

MENÉNDEZ PELAYO, *Antología de poetas líricos castellanos*, ed. Sánchez Reyes, Santander, Aldus, 1945.

MOREL FATIO, A., «Doña Marina de Aragón», en *Études sur l'Espagne*, 3ème sèrie, París, 1904, pp. 77-87.

MORREALE, M., *Castiglione y Boscán: el ideal cortesano en el Renacimiento español*, Anejos del *Boletín de la Real Academia Española*, Madrid, 1959.

NAVARRO, Tomás, *Métrica española, reseña histó-*

*rica y descriptiva*, Nueva York, Las Américas Publishing Company, 1966.

NICOLAY, C. L., *The Life and Works of Cristóbal del Castillejo*, Filadelfia, Publication of the University of Pennsylvania, 1920.

PAGES, A. G., *Auzias March et ses prédécesseurs*, París, H. Champion, 1911.

PARDUCCI, A., *Saggio sulla poesia lirica di Juan Boscán*, Bolonia, Cooperaiva tip. Azzoguidi, 1952.

PATERSON, A. G., «Ecphrasis in Garcilaso's "Egloga III"», *Modern Language Review*, LXXII (1977), pp. 73-92.

RIVERS, E. L., ed., *La poesía de Garcilaso de la Vega. Ensayos críticos*, Barcelona, Ariel, 1974.

SEGURA COVARSI, E., *La canción petrarquista en la lírica española del Siglo de Oro*, Madrid, Consejo Superior de Investigaciones Científicas, 1949.

SENA, J. de, *Os sonetos de Camões e soneto quinhentista peninsular*, Lisboa, Portugalia Editora, 1969.

SPIVAKOSKY, E., «New Arguments in Favor of Mendoza's Authorship of the *Lazarillo de Tormes*», *Symposium*, XXIV (1970), pp. 67-77.

TRIWEDI, M. D., «On Mendoza's Sonnet to his Book», *Romance Notes*, XII (1970), pp. 413-15.

VALBUENA PRAT, A., *Historia de la literatura española*, Barcelona, Editorial Gustavo Gili, 1973.

WITHERS, A. M., *The Sources of the Poetry of Gutierre de Cetina*, Filadelfia, Westbrook Publishing Company, 1923.

# I. BOSCAN Y GARCILASO

# JUAN BOSCAN

### Soneto 1

Garcilaso, que al bien siempre aspiraste *
y siempre con tal fuerza le seguiste,
que a pocos pasos que tras él corriste,
en todo enteramente le alcanzaste,

dime: ¿por qué tras ti no me llevaste     5
cuando de esta mortal tierra partiste?,
¿por qué, al subir a lo alto que subiste,
acá en esta bajeza me dejaste?

Bien pienso yo que, si poder tuvieras
de mudar algo lo que está ordenado,     10
en tal caso de mí no te olvidaras:

que o quisieras honrarme con tu lado
o a lo menos de mí te despidieras;
o, si esto no, después por mí tornaras.

### Soneto 2

Nunca de amor estuve tan contento
que en su loor mis versos ocupase,
ni a nadie aconsejé que se engañase
buscando en el amor contentamiento.

Esto siempre juzgó mi entendimiento:    5
que de este mal todo hombre se guardase,
y así, porque esta ley se conservase,
holgué de ser a todos escarmiento.

¡Oh! vosotros que andáis tras mis escritos
gustando de leer tormentos tristes,    10
según que por amar son infinitos,

mis versos son deciros: «¡Oh benditos
los que de Dios tan gran merced hubistes
que, del poder de amor, fuésedes quitos!»

### Soneto 3

Aún bien no fui salido de la cuna,
ni del ama la leche hube dejado,
cuando el amor me tuvo condenado
a ser de los que siguen su fortuna.

Diome luego miserias de una en una    5
por hacerme costumbre en su cuidado;
después en mí de un golpe ha descargado
cuanto mal hay debajo de la luna.

En dolor fue criado y fui nacido,
dando de un triste paso en otro amargo,    10
tanto que, si hay más paso, es de la muerte.

¡Oh corazón!, que siempre has padecido,
dime: tan fuerte mal, ¿cómo es tan largo?
Y mal tan largo —di—, ¿cómo es tan fuerte?

### Soneto 4

Yo cuento ya los pasos que voy dando
y veo bien las tierras que traspaso.
Sé lo que pierdo en dar un solo paso;
quiero siempre parar y siempre ando.

Traigo este cuerpo, que por fuerza mando,      5
y con la carga de él voy tan a paso,
y en poca tierra tanto dolor paso,
que es, cuando ando, andarme reparando.

¿Yo qué haré, que me partí, cuitado?
Mal volverá quien tanto mal ha hecho;      10
y así es ahora mal cuanto yo hago.

Ando conmigo en todo tan penado,
que en mí de nada quedo satisfecho,
sino de ver que no me satisfago.

## SONETO 5

Dulce soñar y dulce congojarme,
cuando estaba soñando que soñaba.
Dulce gozar con lo que me engañaba,
si un poco más durara el engañarme.

Dulce no estar en mí que figurarme      5
podía cuanto bien yo deseaba.
Dulce placer, aunque me importunaba,
que alguna vez llegaba a despertarme.

¡Oh sueño, cuánto más leve y sabroso
me fueras, si vinieras tan pesado,      10
que asentaras en mí con más reposo!

Durmiendo, en fin, fui bienaventurado,
y es justo en la mentira ser dichoso
quien siempre en la verdad fue desdichado.

## SONETO 6

Como aquel que en soñar gusto recibe,
su gusto procediendo de locura,
así el imaginar, con su figura,
vanamente su gozo en mí concibe.

Otro bien, en mí, triste, no se escribe,    5
sino es aquel que mi pensar procura:
de cuanto ha sido hecho en mi ventura,
lo solo imaginado es lo que vive.


Teme mi corazón de ir adelante,
viendo estar su dolor puesto en celada,    10
y así revuelve atrás en un instante


a contemplar su gloria ya pasada.
¡Oh sombra de remedio inconstante!:
ser en mí lo mejor lo que no es nada.


## Soneto 7


Pensando en lo pasado, de medroso,
hállome gran amor dentro en mi pecho;
bien sé que lo pasado ya es deshecho,
mas da el maginallo algún reposo.


De descansar estoy tan deseoso,    5
que para reposar doquiera me echo;
donde espero descanso, allí es mi lecho,
aunque sea el descanso mentiroso.


Mas este descansar siendo tan vano,
ha de acabarse en muy breve momento;    10
y el triste recordar está en la mano.


He de volver a mi dolor temprano;
la cuenta de esto es tal, que no la cuento;
mas hallo lo que pierdo y lo que gano.

## Soneto 8

Como el patrón que, en golfo navegando,
lleva su nao, y viendo claro el cielo,
está más lejos de tener recelo
que si estuviese en tierra paseando:

así yo por lo hondo travesando                    5
de mi querer, que nunca tuvo suelo,
el rato que me hallo estar sin duelo,
que voy seguro luego estoy pensando.

Pero después si el viento mueve guerra
y la braveza de la mar levanta,                   10
acude el nunca más entrar en barca,

y el voto de ir a ver la casa santa,
y el desear ser labrador en tierra,
mucho más que en la mar un gran monarca.


## Soneto 9

¡Oh si acabase mi pensar sus días,
o fuese de eternal sueño oprimido!
No es bien vivir, trayéndome el sentido
pesadas y continuas chismerías:

o me carga de tristes fantasías                   5
o me da el bien tan corto y tan medido,
que me espanto de que se han mantenido,
con su tanto gastar, las penas mías.

Viéndome Amor gemir de fatigado,
sobre esto de mi mal me está acallando;           10
más aun conmigo en esto se desmide,

como madre con hijo regalado *,
que si le pide rejalgar, llorando,
no sabe sino dalle lo que pide.

Soy como aquel que vive en el desierto,
del mundo y de sus cosas olvidado,
y a descuido veis donde le ha llegado
un gran amigo, al cual tuvo por muerto.

Teme luego de un caso tan incierto;                    5
pero, después que bien ha asegurado,
comienza a holgar pensando en lo pasado,
con nuevos sentimientos muy despierto.

Mas cuando ya este amigo se le parte,
al cual partirse presto le conviene,                   10
la soledad empieza a selle nueva;

con las hierbas del monte no se aviene;
para el yermo le falta toda el arte;
y tiembla cada vez que entra en su cueva.

## SONETO 11

Como después del tempestuoso día
la tarde clara suele ser sabrosa,
y después de la noche tenebrosa
el resplandor del sol placer envía,

así en su padecer el alma mía                          5
con la tarde del bien es tan gozosa,
que se entrega, en una hora que reposa,
de todos los trabajos que tenía.

Mas este bien no suele ser barato:
mucho cuesta tan fuerte medicina,                      10
y es lo peor que presto ha de pagarse.

Es reposar de un hombre que camina,
que a la sombra descansa un breve rato,
para luego volver a más cansarse.

Un nuevo Amor un nuevo bien me ha dado,
ilustrándome el alma y el sentido,
por manera que a Dios ya yo no pido
sino que me conserve en este estado.

A mi bien acrecienta el mal pasado,     5
tan sin temor estoy de lo que ha sido,
y en las hierbas compuestas que he bebido,
mi fuerza y mi vivir se han mejorado.

Anduvo sobre mí gran pestilencia,
hasta matar los pájaros volando,     10
y casi cuanto en vida fue criado.

Este influjo cruel se fue pasando,
y así de esta mortal, brava dolencia,
con más salud quedó lo que ha quedado.


## VILLANCICO

Si no os hubiera mirado,
no penara,
pero tampoco os mirara.

Veros harto mal ha sido,
mas no veros peor fuera;     5
no quedara tan perdido,
pero mucho más perdiera.
¿Qué viera aquel que no os viera?
¿Cuál quedara,
señora, si no os mirara?

RESPUESTA DE BOSCÁN A DON DIEGO DE MENDOZA *

Holgué, Señor, vuestra carta tanto,
que levanté mi pensamiento luego,
para tornar a mi olvidado canto.

Y así, aunque estaba a oscuras como ciego,
sin saber atinar por dónde iría,
cobré tino en la luz de vuestro fuego.

La noche se me hizo claro día,
y al recordar mi soñoliento estilo,
vuestra musa valió luego a la mía.

Vuestra mano añudó mi roto hilo,                    10
y a mi alma regó vuestra corriente
con más fertilidad que riega el Nilo.

Por do, si mi escribir ora no siente
fértil vena, será la causa de esto
ser mi ingenio incapaz naturalmente.               15

Pero viniendo a nuestro presupuesto,
digo también que el no maravillarse
es propio de juicio bien compuesto.

Quien sabe y quiere a la virtud llegarse,
pues las cosas verá desde lo alto,                  20
nunca temerá de qué pueda alterarse.

Todo lo alcanzará sin dar gran salto:
sin moverse, andará por las estrellas,
seguro de alborozo y sobresalto;

las cosas naturales verá bellas,                    25
y bien dirá entre sí que son hermosas,
pero no parará por eso en ellas;

subirse ha al movedor de todas cosas,
y allí contemplará grandes secretos
hasta en las florecillas y en las rosas;        30

allí verá con causas los efectos,
y viendo los principios, y su fuente,
no habrá maravillar en sus conceptos.

Verá el correr del sol resplandeciente,
y la velocidad incomparable                     35
con que va, de levante hasta poniente.

Verá la luna y su mover mudable,
acá y allá mostrando desatinos,
tanto, que a los antiguos fue admirable.

Verá mil otros cursos y caminos,               40
según que por acá nuevas tenemos
de los siete planetas por los sinos.

Verá, en fin, más que todo cuanto vemos,
y en maravillas no maravillado
estará, sin sentir jamás extremos.              45

Como digo, en lo alto irá encumbrado,
y viendo desde allí nuestras bajezas,
llorará y reirá de nuestro estado.

Nuestras fuerzas dirá que son flaquezas,
tendrá nuestros deleites por fatigas            50
y nuestras abundancias por pobrezas.

Los hombres antojársele han hormigas;
los robles, pensará que son retamas,
y a todo podrá hacer dos cientas higas.

Qué gracia para él serán las damas,             55
qué burla tendrá en ver las diligencias
que tienen en soplar ardientes llamas.

Tendrá el saber nacido de experiencias,
y sobre la mundana sinrazón
falso estará y dará grandes sentencias.          60

Decid: si veis bailar, no oyendo el son
de los que bailan, ¿no estaréis burlando
y no os parecerá que locos son?

Así el sabio que vive descansando,
sin nunca oír el son de las pasiones,          65
que nos hacen andar como bailando,

sabrá burlar de nuestras turbaciones,
y reírse ha de aquellos movimientos
que verá hacer a nuestros corazones.

Así que dados estos fundamentos,          70
que entiende el sabio de raíz las cosas,
y que desprecia nuestros pensamientos,

las cosas para otros espantosas,
de nuevas o de grandes, no podrán
ser jamás para él maravillosas.          75

Cuidados a este tal no le darán
ni su propio dolor ni el bien ajeno,
ambos por una cuenta pasarán.

Dichoso aquel que de esto estará lleno,
viviendo entre las penas sosegado,          80
y en mitad de los vicios siendo bueno.

¡Oh gran saber del hombre reposado!,
¡cuánto más vales, aunque estés durmiendo,
que el del otro, aunque esté más desvelado!

Pero es, en fin, en esto lo que entiendo,          85
que holgamos de hablar bien cuando hablamos,
magníficas sentencias componiendo.

Pero cuando a las obras nos llegamos,
rehuimos, mi fe, de la carrera
y con sólo el hablar nos contentamos.                    90

Díjome no sé quién, una vez, que era
placer hablar de Dios y obrar del mundo:
esta es la ley de nuestra ruin manera.

Pero, señor, si a la virtud que fundo
llegar bien no podemos, a lo menos                       95
excusemos del mal lo más profundo.

En tierra, do los vicios van tan llenos,
aquellos hombres que no son peores,
aquellos pasarán luego por buenos.

Yo no ando ya siguiendo a los mejores,                   100
bástame alguna vez dar fruto alguno;
en lo demás conténtome de flores.

No quiero en la virtud ser importuno,
ni pretendo rigor en mis costumbres,
con el glotón no pienso estar ayuno.                     105

La tierra está con llanos y con cumbres,
lo tolerable al tiempo acomodemos,
y a su sazón hagámonos dos lumbres.

No curemos de andar tras los extremos,
pues de ellos huye la filosofía                          110
de los buenos autores que leemos.

Si en Xenócrates * vemos dura vía,
sigamos a Platón, su gran maestro,
y templemos con él la fantasía.

Conviene en este mundo andar muy diestro, 115
templando con el miedo el esperanza
y alargando con tiento el paso nuestro.

Ande firme y derecha la templanza,
como hombre que pasea por maroma,
que no cae porque no se abalanza.                        120

El que buen modo en sí y buen temple toma,
con pasos irá siempre descansado,
aunque vaya de Cádiz hasta Roma.

El estado mejor de los estados
es alcanzar la buena medianía,                           125
con la cual se remedian los cuidados.

Y así yo por seguir aquesta vía,
heme casado con una mujer
que es principio y fin del alma mía.

Esta me ha dado luego un nuevo ser,                      130
con tal felicidad que me sostiene,
llena la voluntad y el entender.

Esta me hace ver que ella conviene
a mí y las otras no me convenían;
a ésta tengo yo y ella me tiene.                         135

En mí las otras iban y venían,
y a poder de mudanzas a montones
de mi puro dolor se mantenían.

Eran ya para mí sus galardones,
como tesoros por encantamientos,                         140
que luego se volvían en carbones.

Ahora son los bienes que en mí siento,
firmes, macizos, con verdad fundados,
y sabrosos en todo el sentimiento.

Solían mis placeres dar cuidados,                        145
y al tiempo que venían a gustarse
ya llegaban a mí casi dañados.

Ahora el bien es bien para gozarse,
y el placer, es lo que es, que siempre place,
y el mal ya con el bien no ha de juntarse.      150

Al satisfecho todo satisface,
y así también a mí por lo que he hecho
cuanto quiero y deseo se me hace.

El campo que era de batalla el lecho,
ya es lecho para mí de paz durable:            155
dos almas hay conformes en un pecho.

La mesa en otro tiempo abominable,
y el triste pan que en ella yo comía,
y el vino que bebía lamentable,

infestándome siempre alguna harpía             160
que, en mitad del deleite, mi vianda
con amargos potajes envolvía,

ahora el casto amor acude y manda
que todo se me haga muy sabroso,
andando siempre todo como anda.                165

De manera, señor, que aquel reposo
que nunca alcancé yo, por mi ventura,
con mi filosofar triste y penoso,

una sola mujer me lo asegura,
y en perfecta sazón me da en las manos         170
victoria general de mi tristura.

Y aquellos pensamientos míos tan vanos
ella los va borrando con el dedo,
y escribe en lugar de ellos otros sanos.

Así que yo ni quiero ya ni puedo               175
tratar sino de vida descansada,
sin colgar de esperanza ni de miedo *.

Ya estoy pensando, estando en mi posada,
cómo podré con mi mujer holgarme,
teniéndola en la cama o levantada.          180

Pienso también en cómo he de vengarme
de la pasada vida con la de ahora
en cómo he de saber de ella burlarme.

Otras veces también, pienso alguna hora
las cosas de mi hacienda sin codicia,       185
aunque ésta comúnmente es la señora.

Bien puede el labrador sin avaricia,
multiplicar cada año sus graneros,
guardando la igualdad de la justicia.

No curo yo de hacer cavar mineros,          190
de venas de metal ni otras riquezas,
para alcanzar gran suma de dineros.

Sólo quiero excusar tristes pobrezas,
por no sufrir soberbias de hombres vanos,
ni de ricos estrechos, estrechezas.         195

Quiero tener dineros en mis manos,
tener para tener contenta vida
con los hidalgos y con los villanos.

Quienquiera se desmande y se desmida,
buscando el oro puro y reluciente,          200
y la concha del mar Indo venida.

Quienquiera esté cuidoso y diligente,
haciendo granjear grandes yugadas
de tierra, do aproveche la simiente.

Si con esto se envuelven las lanzadas,
las muertes entre hermanos y parientes,
y de reyes las guerras guerreadas,

¡huyan de mí los tales accidentes,
huyan de mí riquezas poderosas,
si son causa de mil males presentes!        210

Déjenme estar contento, entre mis cosas,
comiendo en compañía mansamente
comidas que no sean sospechosas.

Conmigo y mi mujer sabrosamente
esté, y alguna vez me pida celos,        215
con tal que me los pida blandamente.

Comamos y bebamos sin recelos,
la mesa de muchachos rodeada,
muchachos que nos hagan ser abuelos.

Pasaremos así nuestra jornada,        220
ahora en la ciudad ora en la aldea,
porque la vida esté más descansada.

Cuando pesada la ciudad nos sea,
iremos al lugar con la compaña,
adonde el importuno no nos vea.        225

Allí se vivirá con menos maña,
y no habrá el hombre tanto de guardarse
del malo o del grosero que os engaña.

Allí podrá mejor filosofarse,
con los bueyes y cabras y ovejas,        230
que con los que del vulgo han de tratarse.

Allí no serán malas las consejas
que contarán los simples labradores,
viviendo de arrastrar las duras rejas.

¿Será pues malo allí tratar de amores,        235
viendo que Apolo *, con su gentileza,
anduvo enamorado entre pastores?

¿Y Venus * no se vio en grande estrecheza
por Adonis *, vagando entre los prados,
según la antigüedad así lo reza?                    240

¿Y Baco * no sintió fuertes cuidados
por la cuitada que quedó durmiendo
en mitad de los montes despoblados?

Las ninfas, por las aguas pareciendo,
y entre las arboledas las dríadas                   245
se ven, con los faunos, rebullendo.

Nosotros seguiremos sus pisadas,
digo yo y mi mujer nos andaremos,
tratando allí las cosas namoradas.

A do corra algún río nos iremos,                    250
y a la sombra de alguna verde haya,
a do estemos mejor, nos sentaremos.

Tenderme ha allí la halda de su saya,
y en regalos de amor habrá porfía,
cual de entrambos hará más alta raya.               255

El río correrá por do es su vía,
nosotros correremos por la nuestra,
sin pensar en la noche ni en el día.

El ruiseñor nos cantará a la diestra,
y vendrá sin el cuervo la paloma,                   260
haciendo en su venida alegre muestra.

No tenemos envidia al que está en Roma,
ni a los tesoros de los asianos,
ni a cuanto por acá del India asoma.

Tendremos nuestros libros en las manos,             265
y no se cansarán de andar contando
los hechos celestiales y mundanos.

Virgilio * a Eneas * estará cantando,
y Homero * el corazón de Aquiles * fiero,
y el navegar de Ulises * rodeando.                    270

Propercio * vendrá allí por compañero,
el cual dirá con dulces armonías
del arte que a su Cinthia * amó primero,

Catulo * acudirá por otras vías,
y llorando de Lesbia * los amores,                    275
sus trampas llorará y chocarrerías.

Esto me advertirá de mis dolores,
pero volviendo a mi placer presente,
tendrá mis escarmientos por mejores.

Ganancia sacaré del accidente                         280
que otro tiempo mi sentir turbaba,
trayéndome perdido entre la gente.

¿Qué haré de acordarme cuál estaba
viéndome cuál estoy, que estoy seguro
de nunca más pasar lo que pasaba?                     285

En mi fuerte estaré dentro en mi muro,
sin locura de amor ni fantasía
que me pueda vencer con su conjuro.

Como digo estaré en mi compañía,
en todo me hará el camino llano,                      290
su alegría mezclando con la mía.

Su mano me dará dentro en mi mano,
y acudirán deleites y blanduras,
de un sano corazón en otro sano.

Los ojos holgarán con las verduras                    295
de los montes y prados que veremos,
y con las sombras de las espesuras.

El correr de las aguas oiremos,
y su blando venir por las montañas,
que a su paso vendrán donde estaremos.          300

El aire moverá las verdes cañas,
y volverán entonces los ganados
balando por llegar a sus cabañas.

En esto ya que el sol por los collados
sus largas sombras andará encumbrando,          305
enviando reposo a los cansados,

nosotros iremos paseando
hacia el lugar do está nuestra morada,
en cosas que veremos platicando.

La compaña saldrá regocijada,                    310
a tomarnos entonces con gran fiesta,
diciendo a mi mujer si está cansada.

Veremos al entrar la mesa puesta
y todo con concierto aparejado,
como es uso de cosa bien compuesta.              315

Después que un poco habremos reposado
sin ver bullir ni andar, yendo y viniendo,
y a cenar nos habremos asentado,

nuestros mozos vendrán allí, trayendo
viandas naturales y gustosas,                    320
que nuestro gusto estén todo moviendo.

Frutas pondrán maduras y sabrosas,
por nosotros las más de ellas cogidas,
envueltas en mil flores olorosas.

Las natas, por los platos extendidas,            325
acudirán, y el blanco requesón,
y otras cosas que dan cabras paridas.

Después de esto, vendrá el tierno lechón,
y del gordo conejo el gazapito,
y aquellos pollos que de pasto son.                    330

Vendrá también allí, el nuevo cabrito,
que a su madre jamás habrá seguido
por el campo, de tierno y de chiquito.

Después que todo esto haya venido,
y que nosotros descansadamente                         335
en nuestra cena hayamos bien comido,

pasaremos la noche dulcemente,
hasta venir al tiempo que la gana
del dormir toma al hombre comúnmente.

Lo que de este tiempo a la mañana                      340
pasare, pase ahora sin contarse,
pues no cura mi pluma de ser vana.

Basta saber que dos, que tanto amarse
pudieron, no podrán hallar momento
en que puedan dejar siempre de holgarse.               345

Pero tornando a proseguir el cuento,
nuestro vivir será de vida entera,
viviendo en el aldea como cuento.

Tras esto ya que el corazón se quiera
desanfadar con variar la vida,                         350
tomando nuevo gusto en su manera,

a la ciudad será nuestra partida,
a donde todo nos será placiente
con el nuevo placer de la venida.

Holgaremos entonces con la gente,                      355
y con la novedad de haber llegado,
trataremos con todos blandamente.

Y el cumplimiento, que es siempre pesado,
a lo menos aquel que, de ser vano,
no es menos enojoso que excusado,　　　　　　360

alabadle estará muy en la mano,
y decir que por solo el cumplimiento,
se conserva en el mundo el trato humano.

Nuestro vivir así estará contento,
y alcanzaremos mil ratos gozosos,　　　　　　365
en recompensa de un desabrimiento.

Y aunque a veces no falten enojos,
todavía entre nuestros conocidos,
los dulces serán más y los sabrosos.

Pues ya con los amigos más queridos,　　　　370
que será el alborozo y el placer,
y el bullicio de ser recién venidos;

que será el nunca hartarnos de nos ver,
y el buscarnos cada hora y cada punto,
y el pesar del buscarse sin se ver.　　　　　375

Mosén Durall * allí estará muy junto,
haciendo con su trato y su nobleza
sobre nuestro placer el contrapunto.

Y con su buen burlar y su llaneza,
no sufrirá un momento tan ruin,　　　　　　380
que en nuestro gran placer mezcle tristeza.

No faltará Jerónimo Agustín,
con su saber sabroso y agradable,
no menos que en romance en el latín,

el cual, con gravedad mansa y tratable,　　　385
contando cosas bien, por él notadas,
nuestro buen conservar hará durable;

las burlas andarán por él mezcladas
con las veras, así, con tal razón,
que unas, de otras, serán bien ayudadas.      390

En esto acudirá el buen Monlleón,
con quien todos holgar mucho solemos,
y nosotros y cuantos con él son;

él nos dirá, y nosotros gustaremos,
él reirá, y hará que nos riamos,           395
y en esto enfadarse ha de cuanto haremos.

Otras cosas habrá, que las callamos,
porque tan buenas son para hacerse
que pierden el valor si las hablamos.

Pero tiempo es, en fin, de recogerse,        400
porque haya más para otro mensajero:
que si mi cuenta no ha de deshacerse,
no será, yo os prometo, éste el postrero.


### CANCIÓN 1

Claros y frescos ríos *,
que mansamente vais
siguiendo vuestro natural camino;
desiertos montes míos,
que en un estado estáis                       5
de soledad muy triste, de contino;
aves en quien hay tino
de descansar cantando;
árboles que vivís,
y en fin también morís,                       10
y estáis perdiendo a tiempos y ganando,
oídme juntamente
mi voz amarga, ronca y tan doliente.

Pues quiso mi ventura
que hubiese de apartarme                                 15
de quien jamás osé pensar partirme,
en tanta desventura
conviene consolarme,
que no es ahora tiempo de morirme;
el alma ha de estar firme,                               20
que en un tan bajo estado
vergonzosa es la muerte;
si acabo en mal tan fuerte,
todos dirán que voy deseperado;
y quien tan bien amó                                     25
no es bien que digan que tan mal murió.


He de querer la vida,
fingiéndome esperanza,
y engañar mal que tanto desengaña.
Fortuna tan perdida                                      30
ha de traer bonanza.
No durará dolor que tanto daña.
Un mal que así se ensaña
amansará si espero.
A dónde voy, iré;                                        35
y, en fin, yo volveré
a ver mi bien, si triste no me muero.
Pero, ¿quién pasará
este tiempo que mucho tardará?


Pasaré imaginando                                        40
si en hombre tan revuelto
puede el imaginar hacer su oficio.
Pensaré cómo y cuándo
podré verme ya vuelto
do hizo amor de mí su sacrificio;                        45
y tomaré por vicio
figurar la que quiero,
hablándole en ausencia
harto más que en presencia.
Contarle he desde acá cómo allá muero;                   50

y mi voluntad mucha
me hará parecer que ella me escucha.


Ahora ya imagino
lo que estará haciendo.
Pensando estoy, quizá, si piensa en mí.      55
El gesto determino
con que estará riendo
de cuál estuve, cuando me partí.
Aunque según sentí,
cuitado, la partida,                          60
no cabe en su valor
que no sienta dolor
de tan amarga y cruda despedida.
Tan triste partí yo,
que aunque no quiera, ella lo sintió.         65


Las horas estoy viendo
en ella, y los momentos,
y cada cosa pongo en su sazón.
Conmigo acá la entiendo:
pienso sus pensamientos;                       70
por mí saco los suyos cuales son.
Díceme el corazón
—y pienso yo que acierta—:
«Ya está alegre, ya triste,
ya sale, ya se viste;                           75
ahora duerme, ahora está despierta.»
El seso y el amor
andan por quien la pintará mejor.


Viéneme a la memoria
dónde la vi primero,                            80
y aquel lugar do comencé de amalla;
y náceme tal gloria
de ver cómo la quiero,
que es ya mejor que el vella, el contemplalla.
En el contemplar halla                          85
mi alma un gozo extraño.
Pienso estalla mirando;

después, en mí tornando,
pésame que duró poco el engaño.
No pido otra alegría                                      90
sino engañar mi triste fantasía.

Mas esto no es posible;
vuélvome a la verdad
y hállome muy solo, y no la veo.                          95
Paréceme imposible
que ya mi voluntad
traiga más en palabras mi deseo.
Mil negocios rodeo
por descansar un poco,                                    100
y en toda cosa pierdo,
sino en el desacuerdo.
Libro mucho mejor, cuando estoy loco.
¡Mirad qué gentil cura,
que es forzado valerme con locura!                        105

El vano imaginar,
en yéndoseme, cayó
en como para vella no hay remedio.
Allí empiezo a pensar,
y en el pensar desmayo                                    110
de ver cuántos lugares dejo en medio.
Si entonces me remedio,
rasgo más la herida;
viénenseme a los ojos
los presentes enojos                                      115
y los gozos de la pasada vida.
Cada palmo de tierra
para mí, triste, es ora una gran sierra.

Tengo en el alma puesto
su gesto tan hermoso                                      120
y aquel saber estar adondequiera;
el recoger honesto,
el alegre reposo,
el no sé qué de no sé qué manera.
Y con llaneza entera                                      125

el saber descansado,
el dulce trato hablando,
el acudir callando
y aquel grave mirar disimulado.
Todo esto está ausente,                                    130
y otro tiempo lo tuve muy presente.


Contando estoy los días
que paso no sé cómo.
Con los pasados no oso entrar en cuenta.
Acuden fantasías;                                          135
allí a llorar me tomo
de ver tanta flaqueza en tanta afrenta;
allí se me presenta
la llaga del penar;
hácenseme mil años                                         140
las obras de mis daños;
por otra parte, el siempre imaginar
me hace parecer
que cuanto he pasado fue ayer.


Algunas cosas miro                                         145
por ocuparme un rato
y ver, si de vivir, tendré esperanza.
Entonces más suspiro,
porque, en cuanto yo trato,
hallo allí de mi bien la semejanza.                        150
Por doquiera me alcanza
amor con su victoria.
Mientras más lejos huyo,
más recio me destruyo,
que allí me representa la memoria                          155
mi bien a cada instante,
por su forma contraria o semejante.


Cuánto veo me carga;
muestro holgar con ello
por pasar y vivir entre la gente.                          160
Si caigo con la carga,
levanto y no querello.

¡Y sabe Dios lo que mi vida siente!
Mas, tan crudo accidente,
¿por qué no se resiste?, 165
¿por qué mi sufrimiento
no esfuerza al sentimiento?
Cobra buen corazón, mi alma triste,
que yo la veré presto,
y miraré aquel cuerpo y aquel gesto. 170

Canción: bien sé dónde volver querrías,
y la que ver deseas,
pero no quiero que sin mí la veas.


## CANCIÓN 2

Gentil señora mía,
yo hallo en el mover de vuestros ojos
un no sé qué —no sé cómo nombrallo—,
que todos mis enojos
descarga de mi triste fantasía. 5
Busco la soledad por contemplallo,
y en ello tantos gustos de bien hallo,
que moriría si el pensar durase.
Mas este pensamiento es tan delgado
que presto es acabado, 10
y conviene que en otras cosas pase.
Porfío en más pensar,
y estoy diciendo: ¡si esto no acabase!
Mas después veo que tanto gozar
no es de las cosas que pueden durar. 15

Yo pienso si allá arriba,
donde está el movedor de las estrellas,
las obras que se ven son de esta arte,
¿por qué para bien vellas
de mí no huye mi alma tan cautiva?, 20
¿por qué no abre la cárcel y se parte
a donde tanto bien lleve su parte?
Tras esto, en ver que sois vos la que quiero,

bendigo, pues que vos estáis aquí,
la hora en que nací,                                                    25
y el suelo en que los pies puse primero,
y por no ver finida
la voluntad que os tengo, y la que espero,
muero tanto por alargar la vida,
que siempre pienso tenella perdida.                                     30

Vuestro es el gesto y el mirar es mío.
tan grandes son las fuerzas que en mí tiene,
que alguna vez me pesa velle tal.
Mi alma no sostiene
ver junto tanto bien en un instante,                                    35
y más que tan gran bien es muy gran mal;
¿cómo durará un ser tan desigual?
Vuestro es el gesto y el mirar es mío.
Y mientras más vuestra hermosura crece,
mi vista más padece,                                                    40
tanto, que ya sufrirse es desvarío.
Totalmente ha de ser
forzado en este crudo desafío
que vos dejéis o templéis vuestro ser,
o yo, señora, que os deje de ver.                                       45

Las cosas que os contemplo,
cuando os las miro, no pueden venir
a la medida de un hombre que muere.
No puedo yo sentir
de hermosura un tan subido ejemplo.                                     50
Por fe, os ha de querer aquel que os quiere.
Gran parte de su gloria, quien os viere,
la perderá, por falta de sentilla:
así que os empobrece la riqueza.
Pues vuestra gentileza,                                                 55
de mucha, no es de creella ni decilla.
Si yo pudiese gozalla,
mi bienaventuranza, o recebilla,
como vos, mi señora, podéis dalla,
yo bien podría yo bien alcanzalla.                                      60
Bien proveen mis penas

en templar la calor de mi deseo;
forzado es echar agua a tanto fuego.
El miedo, cuando os veo,
hiela toda mi sangre por las venas,        65
refrena al gozo y al desasosiego.
¡Oh extraño mal, que he de buscar sosiego
entre el dolor y la desconfianza!
El extremo del bien es tanto y tal,
que otro extremo de mal        70
le ha de sanar y le ha de dar templanza.
Contrarios elementos
sostienen al amor en su balanza.
Si a un cabo echasen mis pensamientos,
muy presto faltarían sus cimientos.        75

Levántase el quereros
tan sin tino, que ya no sé qué quiero.
He de venir a no querer ya nada.
Por cien mil cosas muero,
y no sé cuando os veo, sino veros.        80
Al primer paso acabo la jornada;
gran cuenta traigo siempre comenzada,
y que es tiempo de dalla bien lo siento,
ya que llegó, y el dalla está en la mano;
paréceme temprano,        85
y fundo por razón mi encogimiento.
Delante de vos puesto
mi corazón, que en vos siempre está atento,
hace tantas mudanzas, y tan presto,
cuantas son las que hace vuestro gesto.        90

Busco lo más seguro,
dilatando lo que es más necesario
por una cierta temerosa vía.
Jamás falta contrario
en lo que quiero ni en lo que procuro.        95
Esta dicha mil años ha que es mía;
si yo la viese, yo la conocería;
amor me hiere, y luego se me esconde.
Yo lo perdono, mas también me ensaño

de ver que con engaño                              100
se me va lo mejor no sé por dónde.

Pensad lo que os merezco,
que llamo siempre a quien no me responde,
y en los mayores casos que padezco            105
deseo el bien y el mal os agradezco.

Canción: ya puedes ir a quien tú sabes;
y si al volver me quieres hacer fiesta,
no cures tú de darme su respuesta.

# GARCILASO DE LA VEGA *

## SONETO 1

Cuando me paro a contemplar mi estado
y a ver los pasos por do me ha traído,
hallo, según por do anduve perdido,
que a mayor mal pudiera haber llegado;

mas cuando del camino estoy olvidado,          5
a tanto mal no sé por do he venido;
sé que me acabo, y más he yo sentido
ver acabar * conmigo mi cuidado.

Yo acabaré, que me entregué sin arte
a quien sabrá perderme y acabarme          10
si ella * quisiere, y aun sabré querello;

que pues mi voluntad puede matarme,
la suya, que no es tanto de mi parte,
pudiendo, ¿qué hará sino hacello?

## SONETO 2

Un rato se levanta mi esperanza,
mas * cansada de haberse levantado
torna a caer y deja *, mal mi grado,
libre el lugar a la desconfianza.

¿Quién sufrirá tan áspera mudanza      5
del bien al mal? ¡Oh corazón cansado,
esfuerza en * la miseria de tu estado,
que tras fortuna suele haber bonanza!

Yo mismo emprenderé a fuerza de brazos
romper un monte que otro no rompiera,      10
de mil inconvenientes muy espeso;

muerte, prisión * no pueden, ni embarazos,
quitarme de ir a veros como quiera,
desnudo espirtu o hombre en carne y hueso.


## SONETO 3

Escrito está en mi alma vuestro gesto *
y cuanto yo escribir de vos deseo:
vos sola lo escribiste; yo lo leo
tan solo, que aun de vos me guardo en esto.

En esto estoy y estaré siempre puesto,      5
que aunque no cabe en mí cuanto en vos veo,
de tanto bien lo que no entiendo creo,
tomando ya la fe por presupuesto.

Yo no nací sino para quereros;
mi alma os ha cortado a su medida;      10
por hábito del alma misma os quiero;

cuanto tengo confieso yo deberos;
por vos nací, por vos tengo la vida,
por vos he de morir, y por vos muero.


## SONETO 4

Por ásperos caminos he llegado
a parte que de miedo no me muevo;
y si a mudarme o dar * un paso pruebo,
allí por los cabellos soy tornado;

mas tal estoy que con la muerte al lado 5
busco de mi vivir consejo nuevo,
y conozco el mejor y el peor apruebo,*
o por costumbre mala o por mi hado.

Por otra parte, el breve tiempo mío
y el errado proceso de mis años, 10
en su primer principio y en su medio,

mi inclinación, con quien ya no porfío,
la cierta muerte, fin de tantos daños,
me hacen descuidar de mi remedio.

## Soneto 5

¡Oh dulces prendas por mi mal halladas
dulces y alegres cuando Dios quería,
juntas estáis en la memoria mía
y con ella en mi muerte conjuradas!

¿Quién me dijera, cuando en las pasadas * 5
horas en tanto bien por vos me vía,
que me habíades de ser en algún día
con tan grave dolor representadas?

Pues en una hora junto me llevastes
todo el bien que por términos me distes, 10
llevadme junto el mal que me dejastes;

si no, sospecharé que me pusistes
en tantos bienes porque deseastes
verme morir entre memorias tristes.

## Soneto 6

Hermosas ninfas, que en el río metidas,
contentas habitáis en las moradas
de relucientes piedras fabricadas
y en columnas de vidrio sostenidas,

ahora estéis labrando embebecidas
o tejiendo las telas delicadas,
ahora unas con otras apartadas
contándoos los amores y las vidas:

dejad un rato la labor, alzando
vuestras rubias cabezas a mirarme,                    10
y no os detendréis mucho según ando,

que o no podréis de lástima escucharme,
o convertido en agua aquí llorando,
podréis allá despacio consolarme.

## SONETO 7

A Dafne ya los brazos le crecían *
y en luengos ramos vueltos se mostraban;
en verdes hojas vi que se tornaban
los cabellos que al oro oscurecían;

de áspera corteza se cubrían                          5
los tiernos miembros que aún bullendo estaban;
los blancos * pies en tierra se hincaban
y en torcidas raíces se volvían.

Aquel que fue la causa de tal daño,
a fuerza de llorar, crecer hacía                      10
el árbol * que con lágrimas regaba.

¡Oh miserable estado, oh mal tamaño,
que con llorarla crezca cada día
la causa y la razón porque lloraba!

## SONETO 8

Como la tierna madre que el doliente
hijo le está con lágrimas pidiendo
alguna cosa de la cual comiendo
sabe que ha de doblarse el mal que siente,

ya que * el piadoso amor no le consiente    5
que considere el daño que, haciendo
lo que le piden, hace, va corriendo
y aplaca * el llanto y dobla el accidente:

así a mi enfermo y loco pensamiento,
que en su daño os me pide *, yo querría    10
quitar este mortal * mantenimiento;

mas pídemele y llora cada día
tanto que cuanto quiere le consiento,
olvidando su muerte y aun la mía.


SONETO 9

En tanto que de rosa y de azucena
se muestra la color en vuestro gesto,
y que vuestro mirar ardiente, honesto,
enciende el corazón y lo refrena *;

y en tanto que el cabello, que en la vena    5
del oro se escogió, con vuelo presto
por el hermoso cuello blanco, enhiesto,
el viento mueve, esparce y desordena:

coged de vuestra alegre primavera
el dulce fruto antes que el tiempo airado    10
cubra de nieve la hermosa cumbre.

Marchitará la rosa el viento helado,
todo lo mudará la edad ligera
por no hacer mudanza en su costumbre.


SONETO 10

¡Oh hado ejecutivo en mis dolores,
cómo sentí tus leyes rigurosas! *
Cortaste el árbol con manos dañosas
y esparciste por tierra fruta y flores.

En poco espacio yacen los amores                    5
y toda la esperanza de mis cosas,
tornados en cenizas desdeñosas
y sordas a mis quejas y clamores.

Las lágrimas que en esta sepultura
se vierten hoy en día y se vertieron              10
recibe, aunque sin fruto allá te sean,

hasta que aquella eterna noche oscura
me cierre aquestos ojos que te vieron,
dejándome con otros que te vean.


## Soneto 11

Echado está por tierra el fundamento
que mi vivir cansado sostenía.
¡Oh cuánto bien se acaba * en solo un día!
¡Oh cuántas esperanzas lleva el viento!

¡Oh cuán ocioso está mi pensamiento            5
cuando se ocupa en bien de cosa mía!
A mi esperanza, así como a baldía,
mil veces la castiga mi tormento.

Las más veces me entrego, otras resisto
con tal furor, con una fuerza nueva,           10
que un monte puesto encima rompería.

Aqueste es el deseo que me lleva
a que desee tornar a ver un día
a quien fuera mejor nunca haber visto


## Soneto 12

Amor, amor, un hábito vestí,*
el cual de vuestro paño fue cortado;
al vestir ancho fue, mas apretado
y estrecho cuando estuvo sobre mí.

Después acá de lo que consentí,                        5
tal arrepentimiento me ha tomado
que pruebo alguna vez, de congojado,
a romper esto en que yo me metí;

mas ¿quién podrá de este hábito librarse,
teniendo tan contraria su natura                      10
que con él ha venido a conformarse?

Si alguna parte queda, por ventura,
de mi razón, por mí no osa mostrarse,
que en tal contradicción no está segura.


### Soneto 13

Pasando el mar Leandro * el animoso,
en amoroso fuego todo ardiendo,
esforzó el viento, y fuese embraveciendo
el agua con un ímpetu furioso.

Vencido del trabajo presuroso,                        5
contrastar a las ondas no pudiendo,
y más del bien que allí perdía muriendo
que de su propia vida congojoso,

como pudo, esforzó su voz cansada
y a las ondas habló de esta manera,                   10
mas nunca fue su voz de ellas oída:

«Ondas, pues no se excusa que yo muera,
dejadme allá llegar, y a la tornada
vuestro furor ejecutá en mi vida.»


### Soneto 14

Estoy continuo en lágrimas bañado,
rompiendo siempre el aire con suspiros,
y más me duele el no osar deciros
que he llegado por vos a tal estado;

que viéndome do estoy y en lo que he andado    5
por el camino estrecho de seguiros,
si me quiero tornar para huiros,
desmayo, viendo atrás lo que he dejado;

y si quiero subir a la alta cumbre,
a cada paso espántanme en la vía    10
ejemplos tristes de los que han caído;

sobre todo, me falta ya la lumbre
de la esperanza, con que andar solía
por la oscura región de vuestro olvido.


## CANCIÓN III

Con un manso ruido
de agua corriente y clara
cerca el Danubio una isla que pudiera *
ser lugar escogido
para que descansara    5
quien, como estoy yo ahora, no estuviera:
do siempre primavera
parece en la verdura
sembrada de las flores;
hacen los ruiseñores    10
renovar el placer o la tristura
con sus blandas querellas,
que nunca día ni noche cesan de ellas.

Aquí estuve yo puesto,
o por mejor decillo,    15
preso y forzado y solo en tierra ajena;
bien pueden hacer esto
en quien puede sufrillo
y en quien él a sí mismo se condena.
Tengo sola una pena,    20
si muero desterrado
y en tanta desventura:
que piensen por ventura

que juntos tantos males me han llevado,
y sé yo bien que muero                                    25
por sólo aquello que morir espero.

El cuerpo está en poder
y en mano de quien puede
hacer a su placer lo que quisiere,
mas no podrá hacer                                        30
que mal librado quede
mientras de mí otra prenda no tuviere;
cuando ya el mal viniere
y la postrera suerte,
aquí me ha de hallar                                      35
en el mismo lugar,
que otra cosa más dura que la muerte
me halla y me ha hallado,
y esto sabe muy bien quien lo ha probado.

No es necesario ahora                                     40
hablar más sin provecho,
que es mi necesidad muy apretada,
pues ha sido en una hora
todo aquello deshecho
en que toda mi vida fue gastada.                          45
y al fin de tal jornada
¿presumen de espantarme?
Sepan que ya no puedo
morir sino sin miedo,
que aun nunca qué temer quiso dejarme                     50
la desventura mía,
que el bien y el miedo me quitó en un día.

Danubio, río divino,
que por fieras naciones
vas con tus claras ondas discurriendo,                    55
pues no hay otro camino
por donde mis razones
vayan fuera de aquí sino corriendo
por tus aguas y siendo
en ellas anegadas,                                        60

si en tierra tan ajena,
en la desierta arena,
de alguno fueren a la fin halladas, *
entiérrelas siquiera
porque su error se acabe en tu ribera.                    65

Aunque en el agua mueras,
canción, no has de quejarte,
que yo he mirado bien lo que te toca;
menos vida tuvieras
si hubiera de igualarte                                   70
con otras que se me han muerto en la boca.
Quien tiene culpa en esto,
allá lo entenderás de mí muy presto.


CANCIÓN IV

El aspereza de mis males quiero
que se muestre también en mis razones,
como ya en los efectos se ha mostrado;
lloraré de mi mal las ocasiones,
sabría el mundo la causa por que muero,         5
y moriré a lo menos confesado,
pues soy por los cabellos arrastrado
de un tan desatinado pensamiento
que por agudas peñas peligrosas,
por matas espinosas,                            10
corre con ligereza más que el viento,
bañando de mi sangre la carrera.
Y para más despacio atormentarme,
llévame alguna vez por entre flores,
a do de mis tormentos y dolores
descanso y de ellos vengo a no acordarme;
mas él a más descanso no me espera:
antes, como me ve de esta manera,
con un nuevo furor y desatino
torna a seguir el áspero camino.                20

No vine por mis pies a tantos daños:

fuerzas de mi destino me trajeron
y a la que me atormenta me entregaron.
Mi razón y juicio bien creyeron
guardarme como en los pasados años          25
de otros graves peligros me guardaron,
mas cuando los pasados compararon
con los que venir vieron, no sabían
lo que hacer de sí ni do meterse,
que luego empezó a verse                     30
la fuerza y el rigor con que venían.
Mas de pura vergüenza constreñida,
con tardo paso y corazón medroso
al fin ya mi razón salió al camino;
cuanto era el enemigo más vecino,            35
tanto más el recelo temeroso
le mostraba el peligro de su vida;
pensar en el dolor de ser vencida
la sangre alguna vez le calentaba,
mas el mismo temor se la enfriaba.           40

Estaba yo a mirar, y peleando
en mi defensa, mi razón estaba
cansada y en mil partes ya herida,
y sin ver yo quién dentro me incitaba
ni saber cómo, estaba deseando               45
que allí quedase mi razón vencida;
nunca en todo el proceso de mi vida
cosa se me cumplió que deseas
tan presto como aquésta, que a la hora
se rindió la señora                          50
y al siervo consintió que gobernase
y usase de la ley del vencimiento.
Entonces yo sentíme salteado
de una vergüenza libre y generosa;
corríme gravemente que una cosa              55
tan sin razón hubiese así pasado;
luego siguió el dolor al corrimiento
de ver mi reino en mano de quien cuento
que me da vida y muerte cada día,
y es la más moderada tiranía.                60

Los ojos, cuya lumbre bien pudiera
tornar clara la noche tenebrosa
y oscurecer el sol a mediodía,
me convirtieron luego en otra cosa,
en volviéndose a mí la vez primera                    65
con la calor del rayo que salía
de su vista, que en mí se difundía;
y de mis ojos la abundante vena
de lágrimas, al sol que me inflamaba,
no menos ayudaba                                       70
a hacer mi natura en todo ajena
de lo que era primero. Corromperse
sentí el sosiego y libertad pasada,
y el mal de que muriendo estoy engendrarse,
y en tierra sus raíces ahondarse                       75
tanto cuanto su cima levantada
sobre cualquier altura hace verse;
el fruto que de aquí suele cogerse
mil es amargo, alguna vez sabroso,
mas mortífero siempre y ponzoñoso.                     80

De mí ahora huyendo, voy buscando
a quien huye de mí como enemiga,
que al un error añado el otro yerro,
y en medio del trabajo y la fatiga
estoy cantando yo, y está sonando                      85
de mis atados pies el grave hierro.
Mas poco dura el canto si me encierro
acá dentro de mí, porque allí veo
un campo lleno de desconfianza:
muéstrame la esperanza                                 90
de lejos su vestido y su meneo,
mas ver su rostro nunca me consiente;
torno a llorar mis daños, porque entiendo
que es un crudo linaje de tormento
para matar aquel que está sediento                     95
mostralle el agua por que está muriendo,
de la cual el cuitado juntamente
la claridad contempla, el ruido siente,
mas cuando llega ya para bebella,

De los cabellos de oro fue tejida
la red que fabricó mi sentimiento,
do mi razón, revuelta y enredada,
con gran vergüenza suya y corrimiento,
sujeta al apetito y sometida,                            105
en público adulterio fue tomada,
del cielo y de la tierra contemplada.
Mas ya no es tiempo de mirar yo en esto,
pues no tengo con qué considerallo,
y en tal punto me hallo                                  110
que estoy sin armas en el campo puesto,
y el paso ya cerrado y la huida.
¿Quién no se espantará de lo que digo?
que es cierto que he venido a tal extremo
que del grave dolor que huyo y temo                      115
me hallo algunas veces tan amigo
que en medio de él, si vuelvo a ver la vida
de libertad, la juzgo por perdida,
y maldigo las horas y momentos
gastados mal en libres pensamientos.                     120

No reina siempre aquesta fantasía,
que en imaginación tan variable
que se reposa una hora el pensamiento:
viene con un rigor tan intratable
a tiempos el dolor que al alma mía                       125
desampara, huyendo, el sufrimiento.
Lo que dura la furia del tormento,
no hay parte en mí que no se me trastorne
y que en torno de mí no esté llorando,
de nuevo protestando                                     130
que de la vía espantosa atrás me torne.
Esto ya por razón no va fundado,
ni le dan parte de ello a mi juicio,
que este discurso todo es ya perdido,
mas es en tanto daño del sentido                         135
este dolor, y en tanto perjuicio,
que todo lo sensible atormentado,

del bien, si alguno tuvo, ya olvidado
está de todo punto, y sólo siente
la furia y el rigor del mal presente.          140

En medio de la fuerza del tormento
una sombra de bien se me presenta,
do el fiero ardor un poco se mitiga:
figúraseme cierto a mí que sienta
alguna parte de lo que yo siento               145
aquella tan amada mi enemiga
(es tan incomportable la fatiga
que si con algo yo no me engañase
para poder, llevalla, moriría
y así me acabaría                              150
sin que de mí en el mundo se hablase),
así que del estado más perdido
saco algún bien. Mas luego en mí la suerte
trueca y revuelve el orden: que alguna hora
si el mal acaso un poco en mí mejora,          155
aquel descanso luego se convierte
en un temor que me ha puesto en olvido
aquella por quien sola me he perdido,
y así, del bien que un rato satisface
nace el dolor que el alma me deshace.          160

Canción, si quien te viere se espantare
de la instabilidad y ligereza
y revuelta del vago pensamiento,
estable, grave y firme en el tormento,
le di, que es causa cuya fortaleza             165
es tal que cualquier parte en que tocare
la hará revolver hasta que pare
en aquel fin de lo terrible y fuerte
que todo el mundo afirma que es la muerte.

## A la Flor de Gnido *

Si de mi baja lira
tanto pudiese el son que en un momento
aplacase la ira
del animoso viento
y la furia del mar y el movimiento,     5

y en ásperas montañas
con el süave canto enterneciese
las fieras alimañas,
los árboles moviese
y al son confusamente los trajese:     10

no pienses que cantado
sería de mí, hermosa flor de Gnido,
el fiero Marte * airado,
a muerte convertido,
de polvo y sangre y de sudor teñido,     15

ni aquellos capitanes
en las sublimes ruedas colocados,
por quien los alemanes,
el fiero cuello atados,
y los franceses van domesticados;     20

mas solamente aquella
fuerza de tu beldad sería cantada,
y alguna vez con ella
también sería notada
el aspereza de que estás armada,     25

y como por ti sola
y por tu gran valor y hermosura,
convertido en vïola,
llora su desventura
el miserable amante en tu figura.     30

Hablo de aquel cativo
de quien tener se debe más cuidado,
que está muriendo vivo,

al remo condenado,
en la concha de Venus amarrado.                     35

Por ti, como solía,
del áspero cabello no corrige
la furia y gallardía *,
ni con freno la rige,
ni con vivas espuelas ya la aflige;                 40

por ti con diestra mano
no revuelve la espada presurosa,
y en el dudoso llano
huye la polvorosa
palestra como sierpe ponzoñosa;                     45

por ti su blanda musa,
en lugar de la cítara sonante,
tristes querellas usa
que con llanto abundante
hacen bañar el rostro del amante;                   50

por ti el mayor amigo
le es importuno, grave y enojoso:
yo puedo ser testigo,
que ya del peligroso
naufragio fue su puerto y su reposo,                55

y ahora en tal manera
vence el dolor a la razón perdida
que ponzoñosa fiera
nunca fue aborrecida
tanto como yo de él, ni tan temida.                 60

No fuiste tú engendrada
ni producida de la dura tierra;
no debe ser notada
que íntegramente yerra
quien todo el otro error de sí destierra.           65

Hágase temerosa
el caso de Anaxárete,* y cobarde,
que de ser desdeñosa

se arrepintió muy tarde,
y así su alma con su mármol arde.                    70

Estábase alegrando
del mal ajeno el pecho empedernido
cuando, abajo mirando,
el cuerpo muerto vido
del miserable amante allí tendido,                   75

y al cuello el lazo atado
con que desenlazó de la cadena
el corazón cuitado,
que con su breve pena
compró la eterna punición ajena.                     80

Sintió allí convertirse
en piedad amorosa el aspereza.
¡Oh tarde arrepentirse!
¡Oh última terneza!
¿Cómo te sucedió mayor dureza?                       85

Los ojos se enclavaron
en el tendido cuerpo que allí vieron;
los huesos se tornaron
más duros y crecieron
y en sí toda la carne convirtieron;                  90

las entrañas heladas
tornaron poco a poco en piedra dura;
por las venas cuitadas
la sangre su figura
iba desconociendo y su natura,                       95

hasta que finalmente,
en duro mármol vuelta y transformada,
hizo de sí la gente
no tan maravillada
cuanto de aquella ingratitud vengada.               100

No quieras tú, señora,
de Némesis * airada las saetas
probar, por Dios, ahora;

baste que tus perfetas
obras y hermosura a los poetas          105
den inmortal materia,
sin que también en verso lamentable
celebren la miseria
de algún caso notable
que por ti pase, triste, miserable.      110


## Elegía II

### A Boscán

Aquí,* Boscán, donde del buen troyano
Anquises * con eterno nombre y vida
conserva la ceniza el Mantüano,*

debajo de la seña esclarecida
de César Africano * nos hallamos        5
la vencedora gente recogida:

diversos en estudio, que unos vamos
muriendo por coger de la fatiga
el fruto que con el sudor sembramos;

otros (que hacen la virtud amiga          10
y premio de sus obras y así quieren
que la gente lo piense y que lo diga)

de esto otros en lo público difieren,
y en lo secreto sabe Dios en cuánto
se contradicen en lo que profieren.      15

Yo voy por medio, porque nunca tanto
quise obligarme a procurar hacienda,
que un poco más que aquéllos me levanto;

ni voy tampoco por la estrecha senda
de los que cierto sé que a la otra vía    20
vuelven, de noche al caminar, la rienda.

Mas ¿dónde me llevó la pluma mía?,
que a sátira me voy mi paso a paso,
y aquesta que os escribo es elegía.

Yo enderezo, señor, en fin mi paso          25
por donde vos sabéis que su proceso
siempre ha llevado y lleva Garcilaso;

y así, en mitad de aqueste monte espeso,
de las diversidades me sostengo,
no sin dificultad, mas no por eso          30

dejo las musas, antes torno y vengo
de ellas al negociar, y variando,
con ellas dulcemente me entretengo.

Así se van las horas engañando;
así del duro afán y grave pena          35
estamos alguna hora descansando.

De aquí iremos a ver de la Serena
la patria,* que bien muestra haber ya sido
de ocio y de amor antiguamente llena.

Allí mi corazón tuvo su nido          40
un tiempo ya, mas no sé, triste, ahora
o si estará ocupado o desparcido;

de aquesto un frío temor así a deshora
por mis huesos discurre en tal manera
que no puedo vivir con él una hora.          45

Si, triste, de mi bien yo estado hubiera
un breve tiempo ausente, no lo niego
que con mayor seguridad viviera:

la breve ausencia hace el mismo juego
en la fragua de amor que en fragua ardiente          50
el agua moderada hace al fuego,

la cual verás que no tan solamente
no le suele matar, mas le refuerza
con ardor más intenso y eminente,

porque un contrario, con la poca fuerza    55
de su contrario, por vencer la lucha
su brazo aviva y su valor esfuerza.

Pero si el agua en abundancia mucha
sobre el fuego se esparce y se derrama,
el humo sube al cielo, el son se escucha    60

y, el claro resplandor de viva llama
en polvo y en ceniza convertido,
apenas queda de él sino la fama:

así el ausencia larga, que ha esparcido
en abundancia su licor que amata    65
el fuego que el amor tenía encendido,

de tal suerte lo deja que lo trata
la mano sin peligro en el momento
que en apariencia y son se desbarata.

Yo solo fuera voy de aqueste cuento,    70
porque el amor me aflige y me atormenta
y en el ausencia crece el mal que siento;

y pienso yo que la razón consienta
y permita la causa de este efecto,
que a mí solo entre todos se presenta,    75

porque como del cielo yo sujeto
estaba eternamente y diputado
al amoroso fuego en que me meto,

así, para poder ser amatado,
el ausencia sin término, infinita    80
debe ser, y sin tiempo limitado;

lo cual no habrá razón que lo permita,
porque por más y más que ausencia dure,
con la vida se acaba, que es finita.

Mas a mí ¿quién habrá que me asegure          85
que mi mala fortuna con mudanza
y olvido contra mí no se conjure?

Este temor persigue la esperanza
y oprime y enflaquece el gran deseo
con que mis ojos van de su holganza;          90

con ellos solamente ahora veo
este dolor que el corazón me parte,
y con él y conmigo aquí peleo.

¡Oh crudo, oh riguroso, oh fiero Marte,
de túnica cubierto de diamante               95
y endurecido siempre en toda parte!,

¿qué tiene que hacer el tierno amante
con tu dureza y áspero ejercicio,
llevado siempre del furor delante?

Ejercitando por mi mal tu oficio,           100
soy reducido a términos que muerte
será mi postrimero beneficio;

y ésta no permitió mi dura suerte
que me sobreviniese peleando,
de hierro traspasado agudo y fuerte,        105

porque me consumiese contemplando
mi amado y dulce fruto en mano ajena,
y el duro posesor de mí burlando.

Mas ¿dónde me trasporta y enajena
de mi propio sentido el triste miedo?       110
A parte de vergüenza y dolor llena,

donde, si el mal yo viese, ya no puedo,
según con esperalle estoy perdido,
acrecentar en la miseria un dedo.

Así lo pienso ahora, y si él venido          115
fuese en su misma forma y su figura,
tendría el presente por mejor partido,

y agradecería siempre a la ventura
mostrarme de mi mal sólo el retrato
que pintan mi temor y mi tristura.           120

Yo sé qué cosa es esperar un rato
el bien del propio engaño y solamente
tener con él inteligencia y trato,

como acontece al mísero doliente
que, del un cabo, el cierto amigo y sano     125
le muestra el grave mal de su accidente,

y le amonesta que del cuerpo humano
comience a levantar a mejor parte
el alma suelta con volar liviano;

mas la tierna mujer, de la otra parte,       130
no se puede entregar al desengaño
y encúbrele del mal la mayor parte;

él, abrazando con su dulce engaño,
vuelve los ojos a la voz piadosa
y alégrase muriendo con su daño:             135

así los quito yo de toda cosa
y póngolos en sólo el pensamiento
de la esperanza, cierta o mentirosa;

en este dulce error muero contento,
porque ver claro y conocer mi estado         140
no puede ya curar el mal que siento,

y acabo como aquel que en un templado
baño metido, sin sentillo muere,
las venas dulcemente desatado.

Tú, que en la patria, entre quien bien te
[quiere, 145
la deleitosa playa estás mirando
y oyendo el son del mar que en ella hiere,

y sin impedimiento contemplando
la misma a quien tú vas eterna fama
en tus vivos escritos procurando, 150

alégrate, que más hermosa llama
que aquella que el troyano encendimiento *
pudo causar, el corazón te inflama;

no tienes que temer el movimiento
de la fortuna con soplar contrario, 155
que el puro resplandor serena el viento.

Yo, como conducido mercenario,
voy do fortuna a mi pesar me envía,
si no a morir, que apuesto es voluntario; *

sólo sostiene la esperanza mía 160
un tan débil engaño que de nuevo
es menester hacelle cada día,

y si no le fabrico y le renuevo
da consigo en el suelo mi esperanza
tanto que en vano a levantalla pruebo. 165

Aqueste premio mi servir alcanza,
que en sola la miseria de mi vida
negó fortuna su común mudanza.

¿Dónde podré huir que sacudida
un rato sea de mí la grave carga 170
que oprime mi cerviz enflaquecida?

Mas ¡ay! que la distancia no descarga
el triste corazón, y el mal, doquiera
que estoy, para alcanzarme el brazo alarga:

si donde el sol ardiente reverbera                              175
en la arenosa Libia, engendradora
de toda cosa ponzoñosa y fiera,

o adonde él es vencido a cualquier hora
de la rígida nieve y viento frío,
parte do no se vive ni se mora,                                 180

si en ésta o en aquélla el desvarío
o la fortuna me llevase un día
y allí gastase todo el tiempo mío,

el celoso temor con mano fría
en medio del calor y ardiente arena                             185
el triste corazón me apretaría;

y en el rigor del hielo y en la serena
noche, soplando el viento agudo y puro
que el veloce correr del agua enfrena,

de aqueste vivo fuego en que me apuro,                          190
y consumirme poco a poco espero,
sé que aun allí no podré estar seguro,
y así diverso entre contrarios muero.


## EPÍSTOLA A BOSCÁN

Señor Boscán, quien tanto gusto tiene
de daros cuenta de los pensamientos,
hasta las cosas que no tienen nombre,
no le podrá faltar con vos materia,
ni será menester buscar estilo                                   5
presto, distinto, de ornamento puro
tal cual a culta epístola conviene.

140

Entre muy grandes bienes que consigo
el amistad perfecta nos concede
es aqueste descuido suelto y puro,                    10
lejos de la curiosa pesadumbre;
y así, de aquesta libertad gozando,
digo que vine, cuanto a lo primero,
tan sano como aquel que en doce días
lo que sólo veréis ha caminado                        15
cuando el fin de la carta os lo mostrare.

Alargo y suelto a su placer la rienda,
mucho más que al caballo al pensamiento,
y llévame a las veces por camino
tan dulce y agradable que me hace                     20
olvidar el trabajo del pasado;
otras me lleva por tan duros pasos
que con la fuerza del afán presente
también de los pasados se me olvida;
a veces sigo un agradable medio                       25
honesto y reposado, en que el discurso
del gusto y del ingenio se ejercita.
Iba pensando y discurriendo un día
a cuantos bienes alargó la mano
el que de la amistad mostró el camino,                30
y luego vos, de la amistad ejemplo,
os me ofrecéis en estos pensamientos,
y con vos a lo menos me acontece
una gran cosa, al parecer extraña,
y porque la sepáis en pocos versos,                   35
es que, considerando los provechos
las honras y los gustos que me vienen
de esta vuestra amistad, que en tanto tengo,
ninguna cosa en mayor precio estimo
ni me hace gustar del dulce estado                    40
tanto como el amor de parte mía.
Este conmigo tiene tanta fuerza
que, sabiendo muy bien las otras partes
de la amistad, de la estrecheza nuestra,
con sólo aqueste el alma se enternece;                45
y sé que otra mente me aprovecha

el deleite; que suele ser pospuesto
a las útiles cosas y a las graves.
Llévame a escudriñar la causa de esto
ver continuo tan recio en mí el efecto,                    50
y hallo que el provecho, el ornamento,
el gusto y el placer que se me sigue
del vínculo de amor, que nuestro genio
enredó sobre nuestros corazones,
son cosas que de mí no salen fuera,                        55
y en mí el provecho solo se convierte.
Mas el amor, de donde por ventura
nacen todas las cosas, si hay algunas,*
que a vuestra utilidad y gusto miren,
es gran razón que ya en mayor estima                      60
tenido sea de mí que todo el resto,
cuanto más generosa y alta parte
es el hacer el bien que el recebille;
así que amando me deleito, y hallo
que no es locura este deleite mío.                         65

¡Oh cuán corrido estoy y arrepentido
de haberos alabado el tratamiento
del camino de Francia y las posadas!
Corrido de que ya por mentiroso
con razón me tendréis; arrepentido                         70
de haber perdido tiempo en alabaros
cosa tan digna ya de vituperio,
donde no hallaréis sino mentiras,
vinos acedos, camareras feas,
varletes codiciosos, malas postas,                         75
gran paga, poco argén, largo camino;
llegar al fin a Nápoles, no habiendo
dejado allá enterrado algún tesoro,
salvo si no decís que es enterrado
lo que nunca se halla ni se tiene.                         80
A mi señor Dural * estrechamente
abrazad de mi parte, si pudierdes.
Doce del mes de octubre, de la tierra
do nació el claro fuego del Petrarca *
y donde están del fuego las cenizas.                       85

*Al Virrey de Nápoles* \*

*Personas:* Salicio, Nemoroso

El dulce lamentar de los pastores,
Salicio juntamente y Nemoroso,
he de cantar, sus quejas imitando;
cuyas ovejas al cantar sabroso
estaban muy atentas, los amores,      5
de pacer olvidadas, escuchando.
Tú, que ganaste obrando
un nombre en todo el mundo
y un grado sin segundo,
ahora estés atento, sólo y dado      10
al ínclito gobierno del estado
albano,\* ahora vuelto a la otra parte,
resplandeciente, armado,
representando en tierra el fiero Marte;

ahora, de cuidados enojosos      15
y de negocios libre, por ventura
andes a caza,\* el monte fatigando
en ardiente jinete que apresura
el curso tras los ciervos temerosos
que en vano su morir van dilatando:      20
espera, que en tornando
a ser restituido,
al ocio ya perdido,
luego verás ejercitar mi pluma
por la infinita, innumerable suma      25
de tus virtudes y famosas obras,
antes que me consuma,
faltando a ti, que a todo el mundo sobras.

En tanto que este tiempo que adivino
viene a sacarme de la deuda un día      30
que se debe a tu fama y a tu gloria

(que es deuda general, no sólo mía,
mas de cualquier ingenio peregrino
que celebra lo digno de memoria),
el árbol de victoria                                            35
que ciñe estrechamente
tu gloriosa frente
dé lugar a la hiedra que se planta
debajo de tu sombra y se levanta
poco a poco, arrimada a tus loores;                             40
y en cuanto esto se canta,
escucha tú el cantar de mis pastores.

Saliendo de las ondas encendido,
rayaba de los montes el altura
el sol, cuando Salicio, recostado                               45
al pie de una alta haya, en la verdura
por donde un agua clara con sonido
atravesaba el fresco y verde prado,
él, con canto acordado
al rumor que sonaba                                             50
del agua que pasaba,
se quejaba tan dulce y blandamente
como si no estuviera de allí ausente
la que de su dolor culpa tenía
y así como presente,                                            55
razonando con ella, le decía:

### Salicio

¡Oh más dura que mármol a mis quejas
y al encendido fuego en que me quemo
más helada que nieve, Galatea!
Estoy muriendo, y aún la vida temo;                             60
témola con razón, pues tú me dejas,
que no hay sin ti el vivir para qué sea.
Vergüenza he que me vea
ninguno en tal estado,
de ti desamparado,                                             65
y de mí mismo yo me corro ahora.
¿De un alma te desdeñas ser señora

144

donde siempre moraste, no pudiendo
de ella salir una hora?
Salid sin duelo, lágrimas, corriendo.*                70

El sol tiende los rayos de su lumbre
por montes y por valles, despertando
las aves y animales y la gente:
cuál por el aire claro va volando,
cuál por el verde valle o alta cumbre               75
paciendo va segura y libremente,
cuál con el sol presente
va de nuevo al oficio
y al usado ejercicio
do su natura o menester le inclina;                 80
siempre está en llanto esta ánima mezquina,
cuando la sombra el mundo va cubriendo,
o la luz se avecina.
Salid sin duelo, lágrimas, corriendo.

Y tú, de esta mi vida ya olvidada,                  85
sin mostrar un pequeño sentimiento
de que por ti Salicio triste muera,
dejas llevar, desconocida, al viento
el amor y la fe que ser guardada
eternamente sólo a mi debiera.                      90
¡Oh Dios!, ¿por qué siquiera,
pues ves desde tu altura
esta falsa perjura
causar la muerte de un estrecho amigo,
no recibe del cielo algún castigo?                  95
Si en pago del amor yo estoy muriendo,
¿qué hará el enemigo?
Salid sin duelo, lágrimas, corriendo.

Por ti el silencio de la selva umbrosa,
por ti la esquividad y apartamiento                 100
del solitario monte me agradaba;
por ti la verde hierba, el fresco viento,
el blanco lirio y colorada rosa
y dulce primavera deseaba.
¡Ay, cuánto me engañaba!                            105

¡Ay cuán diferente era
y cuán de otra manera
lo que en tu falso pecho se escondía!
Bien claro con su voz me lo decía
la siniestra corneja, repitiendo                           110
la desventura mía.
Salid sin duelo, lágrimas, corriendo.

¡Cuántas veces, durmiendo en la floresta,
reputándolo yo por desvarío,
vi mi mal entre sueños, desdichado!                        115
Soñaba que en el tiempo del estío
llevaba, por pasar allí la siesta,
a abrevar en el Tajo mi ganado;
y después de llegado
sin saber de cuál arte,                                    120
por desusada parte
y por nuevo camino el agua se iba;
ardiendo yo con la calor estiva,
el curso enajenado iba siguiendo
del agua fugitiva.                                         125
Salid sin duelo, lágrimas, corriendo.

Tu dulce habla ¿en cúya oreja suena?
Tus claros ojos ¿a quién los volviste?
¿Por quién tan sin respeto me trocaste?
Tu quebrantada fe ¿dó la pusiste?
¿Cuál es el cuello que como en cadena
de tus hermosos brazos anudaste?
No hay corazón que baste,
aunque fuese de piedra,
viendo mi amada hiedra                                     135
de mí arrancada, en otro muro asida,
y mi parra en otro olmo entretejida,
que no se esté con llanto deshaciendo
hasta acabar la vida.
Salid sin duelo, lágrimas, corriendo.                      140

¿Qué no se esperará de aquí adelante,
por difícil que sea y por incierto,

146

o qué discordia no será juntada?
Y juntamente ¿qué tendrá por cierto,
o qué de hoy más no temerá el amante,                    145
siendo a todo materia por ti dada?
Cuando tú enajenada
de mí, cuitado,* fuiste,
notable causa diste,
y ejemplo a todos cuantos cubre el cielo,                150
que el más seguro tema con recelo
perder lo que estuviere poseyendo.
Salid fuera sin duelo,
salid sin duelo, lágrimas, corriendo.

Materia diste al mundo de esperanza                      155
de alcanzar lo imposible y no pensado
y de hacer juntar lo diferente;
dando a quien diste el corazón malvado,
quitándolo de mí con tal mudanza
que siempre sonará de gente en gente.                    160
La cordera paciente
con el lobo hambriento
hará su ayuntamiento,
y con las simples aves sin ruïdo
harán las bravas sierpes ya su nido,                     165
que mayor diferencia comprehendo
de ti al que has escogido.
Salid sin duelo, lágrimas, corriendo.

Siempre de nueva leche en el verano
y en el invierno abundo; en mi majada                    170
la manteca y el queso está sobrado.
De mi cantar, pues, yo te vi agradada *
tanto que no pudiera el mantüano
Títiro * ser de ti más alabado.
No soy, pues, bien mirado,                               175
tan disforme ni feo,
que aun ahora me veo
en esta agua que corre clara y pura,
y cierto no trocara mi figura
con ese que de mí se está riendo;                        180


147

¡trocara mi ventura!
Salid sin duelo, lágrimas, corriendo.

¿Cómo te vine en tanto menosprecio?
¿Cómo te fui tan presto aborrecible?
¿Cómo te faltó en mí el conocimiento?          185
Si no tuvieras condición terrible
siempre fuera tenido de ti en precio
y no viera de ti este apartamiento.
¿No sabes que sin cuento
buscan en el estío                              190
mis ovejas el frío
de la sierra de Cuenca, y el gobierno
del abrigado Extremo en el invierno?
Mas ¡qué vale el tener, si derritiendo
me estoy en llanto eterno!                      195
Salid sin duelo, lágrimas, corriendo.

Con mi llorar las piedras enternecen
su natural dureza y la quebrantan;
los árboles parece que se inclinan;
las aves que me escuchan, cuando cantan,        200
con diferente voz se condolecen
y mi morir cantando me adivinan;
las fieras que reclinan
su cuerpo fatigado
dejan el sosegado                               205
sueño por escuchar mi llanto triste:
tú sola contra mí te endureciste,
los ojos aun siquiera no volviendo
a lo que tú hiciste.
Salid sin duelo, lágrimas, corriendo.          210

Mas ya que a socorrerme aquí no vienes,*
no dejes el lugar que tanto amaste,
que bien podrás venir de mí segura.
Yo dejaré el lugar do me dejaste;
ven si por sólo aquesto te detienes.*          215
Ves aquí un prado lleno de verdura,
ves aquí una espesura,

ves aquí un agua clara,
en otro tiempo cara,
a quien de ti con lágrimas me quejo;                    220
quizá aquí hallarás, pues yo me alejo,
al que todo mi bien quitarme puede,
que pues el bien le dejo,
no es mucho que el lugar también le quede.

Aquí dio fin a su cantar Salicio,                       225
y suspirando en el postrero acento,
soltó de llanto una profunda vena;
queriendo el monte al grave sentimiento
de aquel dolor en algo ser propicio,
con la pesada voz retumba y suena;                      230
la blanda Filomena,*
casi como dolida
y a compasión movida,
dulcemente responde al son lloroso.
Lo que cantó tras esto Nemoroso,                        235
decidlo vos, Piérides,* que tanto
no puedo yo ni oso,
que siento enflaquecer mi débil canto.


### Nemoroso

Corrientes aguas puras, cristalinas,
árboles que os estáis mirando en ellas,                 240
verde prado de fresca sombra lleno,
aves que aquí sembráis vuestras querellas,
hiedra que por los árboles caminas,
torciendo el paso por su verde seno:
yo me vi tan ajeno                                      245
del grave mal que siento
que de puro contento
con vuestra soledad me recreaba,
donde con dulce sueño reposaba,
o con el pensamiento discurría                          250
por donde no hallaba
sino memorias llenas de alegría;

y en este mismo valle,* donde ahora
me entristezco y me canso en el reposo,
estuve yo * contento y descansado.                    255
¡Oh bien caduco, vano y presuroso!
Acuérdome, durmiendo aquí alguna hora,
que, despertando, a Elisa vi a mi lado.
¡Oh miserable hado!
¡Oh tela delicada,                                     260
antes de tiempo dada
a los agudos filos de la muerte!,
mas convenible fuera aquesta * suerte
a los cansados años de mi vida,
que es más el hierro fuerte,                           265
pues no la ha quebrantado tu partida.
¿Dó están ahora aquellos claros ojos
que llevaban tras sí, como colgada,
mi alma, doquier que ellos se volvían?

¿Dó está la blanca mano delicada,                      270
llena de vencimientos y despojos
que de mí mis sentidos le ofrecían?
Los cabellos que vían
con gran desprecio al oro
como a menor tesoro                                     275
¿adónde están, adónde el blanco pecho?
¿Dó la columna * que el dorado techo
con proporción graciosa sostenía? *.
Aquesto todo ahora ya se encierra,
por desventura mía,                                    280
en la fría, desierta y dura tierra.

¿Quién me dijera, Elisa, vida mía,
cuando en aqueste valle al fresco viento
andábamos cogiendo tiernas flores,
que había de ver, con largo apartamiento,             285
venir el triste y solitario día
que diese amargo fin a mis amores?
El cielo en mis dolores
cargó la mano tanto
que a sempiterno llanto                                290

y a triste soledad me ha condenado;
y lo que siento más es verme atado
a la pesada vida y enojosa
solo, desamparado,
ciego, sin lumbre, en cárcel tenebrosa.                    295

Después que nos dejaste, nunca pace
en hartura el ganado ya, ni acude
al campo el labrador con mano llena;
no hay bien que en mal no se convierta y mude.
La mala hierba al trigo ahoga, y nace               300
en su lugar la infelice avena;
la tierra, que de buena
gana nos producía
flores con que solía
quitar en sólo vellas mil enojos,                    305
produce ahora en cambio estos abrojos,
ya de rigor de espinas intratable.
Yo hago con mis ojos
crecer, llorando, el fruto miserable.*

Como al partir del sol la sombra crece,              310
y en cayendo su rayo, se levanta
la negra oscuridad que el mundo cubre,
de do viene el temor que nos espanta
y la medrosa forma en que se ofrece
aquella que la noche nos encubre                     315
hasta que el sol descubre
su luz pura y hermosa:
tal es la tenebrosa
noche de tu partir en que he quedado
de sombra y de temor atormentado,                    320
hasta que muerte el tiempo determine
que a ver el deseado
sol de tu clara vista me encamine.

Cual suele el ruiseñor con triste canto
quejarse, entre las hojas escondido,                 325
del duro labrador que cautamente
le despojó su caro y dulce nido

de los tiernos hijuelos entre tanto
que del amado ramo estaba ausente,
y aquel dolor que siente,                              330
con diferencia tanta,
por la dulce garganta
despide, y a su canto el aire suena,
y la callada noche no refrena
su lamentable oficio y sus querellas,                 335
trayendo de su pena
el cielo por testigo y las estrellas:

de esta manera suelto yo la rienda *
a mi dolor y así me quejo en vano
de la dureza de la muerte airada;                     340
ella en mi corazón metió la mano
y de allí me llevó mi dulce prenda,
que aquél era su nido y su morada.
¡Ay, muerte arrebatada,
por ti me estoy quejando                              345
al cielo y enojando
con importuno llanto al mundo todo!
El desigual dolor no sufre modo;
no me podrán quitar el dolorido
sentir si ya del todo                                 350
primero no me quitan el sentido.

Tengo una parte aquí de tus cabellos,
Elisa, envueltos en un blanco paño,
que nunca de mi seno se me apartan;
descójolos, y de un dolor tamaño                      355
enternecerme siento que sobre ellos
nunca mis ojos de llorar se hartan.
Sin que de allí se partan,
con suspiros calientes,
más que la llama ardientes,                           360
los enjugo del llanto, y de consuno
casi los paso y cuento uno a uno;
juntándolos, con un cordón los ato.
Tras esto el importuno
dolor me deja descansar un rato.                      365

Mas luego a la memoria se me ofrece
aquella noche tenebrosa, oscura,
que siempre aflige esta ánima mezquina
con la memoria de mi desventura:
verte presente ahora me parece                          370
en quel duro trance de Lucina; *
y aquella voz divina,
con cuyo son y acentos
a los airados vientos
pudieran amansar,* que ahora es muda,                   375
me parece que oigo, que a la cruda,
inexorable diosa demandabas
en aquel paso ayuda;
y tú, rústica diosa, ¿dónde estabas?

¿Ibate tanto en perseguir las fieras?                   380
¿Ibate tanto en un pastor dormido?
¿Cosa pudo bastar a tal crüeza
que, conmovida a compasión, oído
a los votos y lágrimas no dieras,
por no ver hecha tierra tal belleza,                    385
o no ver la tristeza
en que tu Nemoroso
queda, que su reposo
era seguir tu oficio, persiguiendo
las fieras por los montes y ofreciendo                  390
a tus sagradas aras los despojos?
¡Y tú, ingrata, riendo
dejas morir mi bien ante mis ojos!

Divina Elisa, pues ahora el cielo
con inmortales pies pisas y mides,                      395
y su mudanza ves, estando queda,
¿por qué de mí te olvidas y no pides
que se apresure el tiempo en que este velo
rompa del cuerpo y verme libre pueda,
y en la tercera rueda,*                                 400
contigo mano a mano
busquemos otro llano,
busquemos otros montes y otros ríos,

otros valles floridos y sombríos
donde descanse y siempre pueda verte *     405
ante los ojos míos,
sin miedo y sobresalto de perderte?

Nunca pusieran fin al triste lloro
los pastores, ni fueran acabadas
las canciones que sólo el monte oía,     410
si mirando las nubes coloradas,
al tramontar del sol bordadas de oro,
no vieran que era ya pasado el día;
la sombra se veía
venir corriendo apriesa     415
ya por la falda espesa
del altísimo monte y recordando
ambos como de sueño, y acabando
el fugitivo sol, de luz escaso,
su ganado llevando,     420
se fueron recogiendo paso a paso.


# EGLOGA III

*Personas:* Tirreno, Alcino

Aquella voluntad honesta y pura,
ilustre y hermosísima María,*
que en mí de celebrar tu hermosura,
tu ingenio y tu valor estar solía,
a despecho y pesar de la ventura     5
que por otro camino me desvía,
está y estará en mí tanto clavada
cuanto del cuerpo el alma acompañada.

Y aun no se me figura que me toca
aqueste oficio solamente en vida,     10
mas con la lengua muerta y fría en la boca
pienso mover la voz a ti debida;
libre mi alma de su estrecha roca,

por el Estigio lago * conducida,
celebrándote irá, y aquel sonido                    15
hará parar las aguas del olvido.


Mas la fortuna, de mi mal no harta,
me aflige y de un trabajo en otro lleva;
ya de la patria, ya del bien me aparta,
ya mi paciencia en mil maneras prueba,              20
y lo que siento más es que la carta
donde mi pluma en tu alabanza mueva,
poniendo en su lugar cuidados vanos,
me quita y me arrebata de las manos.


Pero por más que en mí su fuerza pruebe,            25
no tornará mi corazón mudable;
nunca dirán jamás que me remueve
fortuna de un estudio tan loable;
Apolo * y las hermanas todas nueve
me darán ocio y lengua con que hable                30
lo menos de lo que en tu ser cupiere,
que esto será lo más que yo pudiere.


En tanto, no te ofenda ni te harte
tratar del campo y soledad que amaste,
ni desdeñes aquesta inculta parte                   35
de mi estilo, que en algo ya estimaste;
entre las armas del sangriento Morte,
do apenas hay quien su furor contraste,
hurté del tiempo aquesta breve suma,
tomando ora la espada, ora la pluma.                40


Aplica, pues, un rato los sentidos
al bajo son de mi zampoña ruda,
indigna de llegar a tus oídos,
pues de ornamento y gracia va desnuda;
mas a las veces son mejor oídos                     45
el puro ingenio y lengua casi muda,
testigos limpios de ánimo inocente,
que la curiosidad del elocuente.

Por aquesta razón de ti escuchado,
aunque me falten otras, ser merezco;          50
lo que puedo te doy, y lo que he dado,
con recibillo tú, yo me enriquezco.
De cuatro ninfas que del Tajo amado
salieron juntas, a cantar me ofrezco:
Filódoce, Dinámene y Climene,                  55
Nise, que en hermosura par no tiene.

Cerca del Tajo, en soledad amena,
de verdes sauces hay una espesura
toda de hiedra revestida y llena,
que por el tronco va hasta el altura          60
y así la teje arriba y encadena
que el sol no halla paso a la verdura;
el agua baña el prado con sonido,
alegrando la vista * y el oído.

Con tanta mansedumbre el cristalino           65
Tajo en aquella parte caminaba
que pudieran los ojos * el camino
determinar apenas que llevaba.
Peinando sus cabellos de oro fino,
una ninfa del agua do moraba                   70
la cabeza sacó, y el prado ameno
vido de flores y de sombra lleno.*

Movióla el sitio umbroso, el manso viento,
el suave olor de aquel florido suelo;
las aves en el fresco apartamiento            75
vio descansar del trabajoso vuelo;
secaba entonces el terreno aliento
el sol, subido en la mitad del cielo;
en el silencio sólo se escuchaba
un susurro de abejas que sonaba.               80

Habiendo contemplado * una gran pieza
atentamente aquel lugar sombrío,
somorgujó de nuevo su cabeza
y al fondo se dejó calar del río;

a sus hermanas a contar empieza          85
del verde sitio el agradable frío,
y que vayan, les ruega y amonesta,
allí con su labor a estar la siesta.

No perdió en esto mucho tiempo el ruego,
que las tres de ellas su labor tomaron    90
y en mirando de fuera vieron luego
el prado, hacia el cual enderezaron;
el agua clara con lascivo juego
nadando dividieron y cortaron,
hasta que el blanco pie tocó mojado,       95
saliendo de la arena, el verde prado.

Poniendo ya en lo enjuto las pisadas,
escurriendo del agua sus cabellos,
los cuales esparciendo cubijadas
las hermosas espaldas fueron de ellos,    100
luego sacando telas delicadas
que en delgadeza competían con ellos,
en lo más escondido se metieron
y a su labor atentas se pusieron.

Las telas eran hechas y tejidas          105
del oro que el felice Tajo envía,
apurado después de bien cernidas
las menudas arenas do se cría,
y de las verdes ovas,* reducidas
en estambre sutil cual convenía           110
para seguir el delicado estilo
del oro, ya tirado en rico hilo.

La delicada estambre era distinta
de las colores que antes le habían dado
con la fineza de la varia tinta           115
que se halla en las conchas del pescado;
tanto artificio muestra en lo que pinta *
y teje cada ninfa en su labrado
cuanto mostraron en sus tablas antes
el celebrado Apeles y Timantes. *        120

Filódoce, que así de aquellas era
llamada la mayor, con diestra mano
tenía figurada la ribera
de Estrimón,* de una parte el verde llano
y de otra el monte de aspereza fiera,                    125
pisado tarde o nunca de pie humano,
donde el amor movió con tanta gracia
la dolorosa lengua del de Tracia.*

Estaba figurada la hermosa
Eurídice, en el blanco pie mordida                       130
de la pequeña sierpe ponzoñosa,
entre la hierba y flores escondida;
descolorida estaba como rosa
que ha sido fuera de sazón cogida,
y el ánima, los ojos ya volviendo,                       135
de su hermosa carne despidiendo.*

Figurado se vía extensamente
el osado marido, que bajaba
al triste reino de la oscura gente
y la mujer perdida recobraba;                            140
y como, después de esto, él, impaciente
por miralla de nuevo, la tornaba
a perder otra vez, y del tirano
se queja al monte solitario en vano.

Dinámene no menos artificio                              145
mostraba en la labor que había tejido
pintando a Apolo en el robusto oficio
de la silvestre caza embebecido.
Mudar presto le hace el ejercicio
la vengativa mano de Cupido,                             150
que hizo a Apolo consumirse en lloro
después que le enclavó con punta de oro.

Dafne, con el cabello suelto al viento,
sin perdonar al blanco pie corría
por áspero camino tan sin tiento                         155
que Apolo en la pintura parecía

que, porque ella templase el movimiento,
con menos ligereza la seguía;
él va siguiendo, y ella huye como
quien siente al pecho el odïoso plomo.          160

Mas a la fin los brazos le crecían
y en sendos ramos vueltos se mostraban;
y los cabellos, que vencer solían
al oro fino, en hojas se tornaban;
en torcillas raíces se extendían              165
los blancos pies y en tierra se hincaban;
llora el amante y busca el ser primero,
besando y abrazando aquel madero.

Climene, llena de destreza y maña,
el oro y las colores matizando,              170
iba de hayas una gran montaña,
de robles y de peñas variando;
un puerco entre ellas, de braveza extraña,
estaba los colmillos aguzando
contra un mozo no menos animoso,             175
con su venablo en mano, que hermoso.

Tras esto, el puerco allí se vía herido
de aquel mancebo, por su mal valiente,
y el mozo en tierra estaba ya tendido,
abierto el pecho del rabioso diente,          180
con el cabello de oro desparcido
barriendo el suelo miserablemente;
las rosas blancas por allí sembradas,
tornaba con su sangre coloradas.

Adonis éste se mostraba que era,             185
según se muestra Venus dolorida,
que viendo la herida abierta y fiera,
sobre él estaba casi amortecida;
boca con boca coge la postrera
parte del aire que solía dar vida            190
al cuerpo por quien ella en este suelo
aborrecido tuvo al alto cielo.

La blanca Nise no tomó a destajo
de los pasados casos la memoria,
y en la labor de su sutil trabajo                          195
no quiso entretejer antigua historia;
antes, mostrando de su claro Tajo
en su labor la celebrada gloria,
la figuró en la parte donde él baña
la más felice tierra de la España.                         200

Pintado el caudaloso río se vía,
que en áspera estrecheza reducido,
un monte casi alrededor ceñía *,
con ímpetu corriendo y con ruïdo;
querer cercarlo todo parecía                               205
en su volver, mas era afán perdido;
dejábase correr en fin derecho,
contento de lo mucho que había hecho.

Estaba puesta en la sublime cumbre
del monte, y desde allí por él sembrada,                   210
aquella ilustre y clara pesadumbre
de antiguos edificios adornada.
De allí con agradable mansedumbre
el Tajo va siguiendo su jornada
y regando los campos y arboledas                           215
con artificio de las altas ruedas.*

En la hermosa tela se veían,
entretejidas, las silvestres diosas
salir de la espesura, y que venían
todas a la ribera presurosas,                              220
en el semblante triste, y traían
cestillos blancos de purpúreas rosas,
las cuales esparciendo derramaban
sobre una ninfa muerta que lloraban.

Todas, con el cabello desparcido,                          225
lloraban una ninfa delicada
cuya vida mostraba que había sido
antes de tiempo y casi en flor cortada;

cerca del agua, en un lugar florido,
estaba entre las hierbas degollada *      230
cual queda el blanco cisne cuando pierde
la dulce vida entre la hierba verde.

Una de aquellas diosas que en belleza
al parecer a todas excedía,
mostrando en el semblante la tristeza      235
que del funesto y triste caso había,
apartada algún tanto, en la corteza
de un álamo unas letras escribía
como epitafio de la ninfa bella,
que hablaban así por parte de ella:      240

«Elisa soy, en cuyo nombre suena
y se lamenta el monte cavernoso,
testigo del dolor y grave pena
en que por mí se aflige Nemoroso
y llama "Elisa"; "Elisa" a boca llena      245
responde el Tajo, y lleva presuroso
al mar de Lusitania * el nombre mío,
donde será escuchado, yo lo fío.»

En fin, en esta tela artificiosa
toda la historia estaba figurada      250
que en aquella ribera deleitosa
de Nemoroso fue tan celebrada,
porque de todo aquesto y cada cosa
estaba Nise ya tan informada
que, llorando el pastor, mil veces ella      255
se enterneció escuchando su querella;

y porque aqueste lamentable cuento
no sólo entre las selvas se contase,
mas dentro de las ondas sentimiento
con la noticia de esto se mostrase,      260
quiso que de su tela el argumento
la bella ninfa muerta señalase
y así se publicase de uno en uno
por el húmedo reino de Neptuno.*

De estas historias tales varïadas        265
eran las telas de las cuatro hermanas,
las cuales con colores matizadas,
claras las luces, de las sombras vanas
mostraban a los ojos relevadas
las cosas y figuras que eran llanas,        270
tanto que al parecer el cuerpo vano
pudiera ser tomado con la mano.

Los rayos ya del sol se trastornaban,
escondiendo su luz al mundo cara
tras altos montes, y a la luna daban        275
lugar para mostrar su blanca cara:
los peces a menudo ya saltaban,
con la cola azotando el agua clara,
cuando las ninfas, la labor dejando,
hacia el agua se fueron paseando.        280

En las templadas ondas ya metidos
tenían los pies y reclinar querían
los blancos cuerpos cuando sus oídos
fueron de dos zampoñas que tañían
suave y dulcemente detenidos,        285
tanto que sin mudarse las oían
y al son de las zampoñas escuchaban
dos pastores a veces que cantaban.

Más claro cada vez el son se oía
de dos pastores que venían cantando        290
tras el ganado, que también venía
por aquel verde soto caminando
y a la majada, ya pasado el día,
recogido llevaban, alegrando *
las verdes selvas con el son süave,        295
haciendo su trabajo menos grave.

Tirreno de estos dos el uno era,
Alcino el otro, entrambos estimados
y sobre cuantos pacen la ribera
del·Tajo con sus vacas enseñados;        300

mancebos de una edad, de una manera
a cantar juntamente aparejados
y a responder, aquesto van diciendo,
cantando el uno, el otro respondiendo: *

### Tirreno

Flérida, para mí dulce y sabrosa                        305
más que la fruta del cercado ajeno,
más blanca que la leche y más hermosa
que el prado por abril de flores lleno:
si tú respondes pura y amorosa
al verdadero amor de tu Tirreno,                        310
a mi majada arribarás primero
que el cielo nos amuestre su lucero.

### Alcino

Hermosa Filis, siempre yo te sea
amargo el gusto más que la retama,
y de ti despojado yo me vea                             315
cual queda el tronco de su verde rama,
si más que yo el murciélago desea
la oscuridad, ni más la luz desama,
por ver ya el fin de un término tamaño
de este día, para mí mayor que un año.                 320

### Tirreno

Cual suele, acompañada de su bando,
aparecer la dulce primavera,
cuando Favonio y Céfiro,* soplando,
al campo tornan su beldad primera
y van artificiosos esmaltando                           325
de rojo, azul y blanco la ribera:
en tal manera, a mí Flérida mía
viniendo, reverdece mi alegría.

¿Ves el furor del animoso viento
embravecido en la fragosa sierra                        330
que los antiguos robles ciento a ciento
y los pinos altísimos atierra,
y de tanto destrozo aun no contento,
al espantoso mar mueve la guerra?
Pequeña es esta furia comparada                         335
a la de Filis con Alcino airada.

*Tirreno*

El blanco trigo multiplica y crece;
produce el campo en abundancia tierno
pasto al ganado; el verde monte ofrece
a las fieras salvajes su gobierno;                      340
a doquiera que miro, me parece
que derrama la copia todo el cuerno:
mas todo se convertirá en abrojos
si de ello aparta Flérida sus ojos.

*Alcino*

De la esterilidad es oprimido                           345
el monte, el campo, el soto y el ganado;
la milicia del aire corrompido
hace morir la hierba mal su grado;
las aves ven su descubierto nido
que ya de verdes hojas fue cercado:                     350
pero si Filis por aquí tornare,
hará reverdecer cuanto mirare.

*Tirreno*

El álamo de Alcides * escogido
fue siempre, y el laurel del rojo Apolo;
de la hermosa Venus fue tenido                          355
en precio y en estima el mirto solo;
el verde sauz de Flérida es querido

y por suyo entre todos escogiólo:
doquiera que de hoy más sauces se hallen,*
el álamo, el laurel y el mirto callen.                360

### Alcino

El fresno por la selva en hermosura
sabemos ya que sobre todos vaya; *
y en espereza y monte de espesura
se aventaja la verde y alta haya;
mas el que la beldad de tu figura                     365
dondequiera mirado, Filis, haya,
al fresno y a la haya en su aspereza
confesará que vence tu belleza.

Esto cantó Tirreno y esto Alcino
le respondió, y habiendo ya acabado               370
el dulce son, siguieron su camino
con paso un poco más apresurado;
siendo a las ninfas ya el rumor vecino,
juntas se arrojan por el agua a nado,*
y de la blanca espuma que movieron            375
las cristalinas ondas se cubrieron.


## Copla II

### *Habiéndose casado su dama*

Culpa debe ser quereros,
según lo que en mí hacéis,
mas allá lo pagaréis
do no sabrán conoceros,
por mal que me conocéis.                     5

Por quereros, ser perdido
pensaba, que no culpado;
mas que todo lo haya sido,
así me lo habéis mostrado,
que lo tengo bien sabido.                    10

¡Quién pudiese no quereros
tanto como vos sabéis,
por holgarme que paguéis
lo que no han de conoceros
con los que no conocéis!                    15

## COPLA III

Yo dejaré desde aquí
de ofenderos más hablando,
porque mi morir callando
os ha de hablar por mí.

Gran ofensa os tengo hecha                   5
hasta aquí en haber hablado,
pues en cosa os he enojado
que tan poco me aprovecha.

Derramaré desde aquí
mis lágrimas no hablando,                    10
porque quien muere callando
tiene quien hable por sí.

## VILLANCICO

Nadie puede ser dichoso,
señora, ni desdichado,
sino que os haya mirado,

porque la gloria de veros
en ese punto se quita                        5
que se piensa mereceros;

así que sin conoceros,
nadie puede ser dichoso,
señora, ni desdichado,
sino que os haya mirado.                      10

# II. LA REACCION TRADICIONALISTA

# CRISTOBAL DE CASTILLEJO

A UNA SEÑORA LLAMADA INÉS

Sin espada ni puñal
me habéis herido, señora,
y aunque fuera no hay señal,
dentro es la llaga mortal,
y yo lo estoy cada hora.                        5
Hirióme vuestra beldad
con armas a su medida,
por la cual, siendo servida,
podéis saber la verdad
de cuán grande es la herida.                   10

Mas no se debe entender
que me agravio de lo hecho,
pues cuanto podéis hacer
yo lo debo padecer,
siendo vuestro de derecho.                     15
Cuanto más que de tal mano,
si bastare el sufrimiento,
no puede venir tormento
que no lo haga liviano
vuestro gran merecimiento.                     20

De do nace, de do viene
que este mi dolor cruel,
con cuantas lástimas tiene,
no hay causa porque me pene,

con tal que os pene a vos de él.                    25
Y así, de verse tan llena
de amores mi voluntad,
se atreve con humildad
a pedir que de mi pena
os mováis a piedad.                                30

Que de mi mal y pasión,
de que vos la causa fuistes,
dolores manda razón,
siquiera por compasión
si no porque lo hicistes;                          35
y para no descuidaros
del cuidado en que me veis,
si remediarle queréis,
debéis, señora, acordaros
que vos sola lo podéis.                            40


### A UNA QUE LE MINTIÓ

Vuestras obras me decían
a vuestro sí no dar fe;
dísela, pensando que
los ángeles no mentían.
Si pequé porque os creí,                            5
harto caro me costó;
pues ya, desdichado yo,
me va peor con el sí,
que me iba con el no.


### A UNA DAMA QUE SE DECÍA JULIA

Con la blanca nieve fría
me tiró Julia certera;
yo, loco, nunca creyera
que en la nieve fuego había;
mas aquella fuego era.                              5
Y por fría y por helada,

que así suele ser de hecho,
de nieve fuego tornada,
bien pudo quemar mi pecho,
de tus manos arrojada.                                    10

¿Qué lugar o parte habrá
de las insidias segura
que amor para mí procura,
si el fuego metido está
en el agua helada dura?                                   15
Tú, Julia, sola mejor
puedes, teniéndome duelo,
matar mis llamas de amor;
no con nieve ni con yelo
sino con igual ardor.                                     20


### VILLANCICO *

Alguna vez,
oh pensamiento,
serás contento.

Si amor cruel
me hace la guerra,                                         5
seis pies de tierra *
podrán más que él;
allí sin él
y sin tormento,
serás contento.                                           10

Lo no alcanzado
en esta vida,
ella perdida,
será hallado;
que sin cuidado                                           15
del mal que siento,
serás contento.

Guárdame las vacas,
carillejo, y besarte he;
si no, bésame tú a mí,
que yo te las guardaré.

En el troque que te pido,                    5
Gil, no recibes engaño;
no te muestres tan extraño
por ser de mí requerido.
Tan ventajoso partido
no sé yo quién te lo dé;                      10
si no, bésame tú a mí
que yo te las guardaré.

Por un poco de cuidado
ganarás de parte mía
lo que a ninguno daría                        15
si no por don señalado.
No vale tanto el ganado
como lo que te daré;
si no, dámelo tú a mí,
que yo te las guardaré.                       20

No tengo necesidad
de hacerte este favor,
sino sola la que amor
ha puesto en mi voluntad.
Y negarte la verdad                           25
no lo consiente mi fe;
si no, quiéreme tú a mí,
que yo te las guardaré.

Oh, cuántos me pedirían
lo que yo te pido a ti,                       30
y en alcanzarlo de mí
por dichosos se tendrían.

Toma lo que ellos querrían,
haz lo que te mandaré;
si no, mándame tú a mí,               35
que yo te las guardaré.

Mas si tú, Gil, por ventura
quieres ser tan perezoso,
que precies más tu reposo
que gozar esta dulzura,               40
yo, por darte a ti holgura,
el cuidado tomaré
que tú me beses a mí,
que yo te las guardaré.

Yo seré más diligente                 45
que tú sin darme pasión,
porque con el galardón
el trabajo no se siente;
y haré que se contente
mi pena con el porqué,                50
que tú me beses a mí,
que yo te las guardaré.


RESPUESTA DE GIL

No soy tan descomedido,
Pascuala, para mi daño,
que de este favor tamaño
me muestre desgradecido.
Si no lo haces fingido,                5
para ver lo que diré,
toma o dame lo que pides,
que yo te las guardaré.

Porque siempre he deseado
gozar de tu lozanía                   10
y, de pura cobardía,
mis pasiones te he celado
no pensando ser amado.

Mas, ahora que lo sé,
guarda tú lo que prometes,                          15
que yo te las guardaré.


Y de mi fidelidad
puedes vivir sin temor
teniendo por fiador
mi querer y tu beldad,                              20
y con tal seguridad
yo también descansaré.
Amame tú como dices,
que yo te las guardaré.


Piensas que se hallarían                            25
otros muchos por aquí
que en ser amados así
gran envidia me habrían.
Mas yo sé que no tendrían
la fe que yo te tendré                              30
ni te guardarán firmeza
como te la guardaré.


Porque de tu hermosura,
que me hace deseoso,
me vendrá ser orgulloso                             35
por tenerte más segura.
Y pues por ti se procura,
por mí no le perderé,
tú no cures de las vacas,
que yo te las guardaré.                             40


Mas hay un inconveniente
en esta tu petición:
que no me haces mención
más de besar solamente;
aunque te soy obediente                             45
en esto no lo seré:
no me pongas tales leyes,
que no te las guardaré.

174

## UNA SOLA Y ES SACADA LA MAYOR PARTE
### DE CATULO *

Dadme, amor, besos sin cuento
asida de mis cabellos,
un millar y ciento de ellos
y otros mil y luego ciento;
y mil y ciento tras ellos.                                  5
Y, después
de muchos millares tres,
porque ninguno lo sienta,
desbaratemos la cuenta
y contemos al revés.                                       10


## REPRESIÓN CONTRA LOS POETAS ESPAÑOLES
### QUE ESCRIBEN EN VERSO ITALIANO

Pues la santa Inquisición
suele ser tan diligente
en castigar con razón
cualquier secta y opinión
levantada nuevamente,                                      5
resucítelo Lucero,*
a corregir en España
una tan nueva y extraña,
como aquella de Lutero
en las partes de Alemaña.                                  10

Bien se pueden castigar
a cuenta de anabaptistas,*
pues por ley particular
se tornan a bautizar
y se llaman petrarquistas.                                 15
Han renegado la fe
de las trovas castellanas,
y tras las italianas
se pierden, diciendo que
son más ricas y lozanas.                                   20

El jüicio de lo cual
yo lo dejo a quien más sabe;
pero juzgar nadie mal
de su patria natural
en gentileza no cabe;                                  25
y aquella cristiana musa
del famoso Juan de Mena,*
sintiendo de esto gran pena,
por infieles los acusa
y de aleves los condena.                               30

«Recuerde el alma dormida»,
dice don Jorge Manrique;*
y muéstrese muy sentida
de cosa tan atrevida,
porque más no se platique.                             35
Garci-Sánchez * respondió:
«¡Quién me otorgase, señora,
vida y seso en esta hora
para entrar en campo yo
con gente tan pecadora!»                               40

«Si algún Dios de amor había,
dijo luego Cartagena,*
muestre aquí su valentía
contra tan gran osadía,
venida de tierra ajena.»                               45
Torres Naharro * replica:
«Por hacer, Amor, tus hechos
consientes tales despechos,
y que nuestra España rica
se prive de sus derechos.»                             50

Dios dé su gloria a Boscán
y a Garcilaso poeta,
que con no pequeño afán
y por estilo galán
sostuvieron esta seta,                                 55
y la dejaron acá
ya sembrada entre la gente;

176

por lo cual debidamente
les vino lo que dirá
este soneto siguiente:                                              60


## SONETO

Garcilaso y Boscán, siendo llegados
al lugar donde están los trovadores
que en esta nuestra lengua y sus primores
fueron en este siglo señalados.

Los unos a los otros alterados                                      65
se miran, con mudanza de colores,
temiéndose que fuesen corredores
espías o enemigos desmandados;

y juzgando primero por el traje,
pareciéronles ser, como debía,                                     70
gentiles españoles caballeros;

y oyéndoles hablar nuevo lenguaje
mezclado de extranjera poesía,
con ojos los miraban de extranjeros.

Mas ellos, caso que estaban                                        75
sin favor y tan a solas,
contra todos se mostraban,
y claramente burlaban
de las coplas españolas,
canciones y villancicos,                                           80
romances y cosa tal,
arte mayor y real
y pies quebrados y chicos,
y todo nuestro caudal.

Y en lugar de estas maneras                                        85
de vocablos ya sabidos
en nuestras trovar caseras,

cantan otras forasteras,
nuevas a nuestros oídos:
sonetos de grande estima, 90
madrigales y canciones
de diferentes renglones,
de octava y tercera rima
y otras nuevas invenciones.

Desprecian cualquiera cosa 95
de coplas compuestas antes,
por baja de ley, y astrosa
usan ya de cierta prosa
medida sin consonantes.
A muchos de los que fueron 100
elegantes y discretos
tienen por simples pobretos,
por solo que no cayeron
en la cuenta a los sonetos.

Daban, en fin, a entender 105
aquellos viejos autores
no haber sabido hacer
buenos metros ni poner
en estilo los amores;
y que el metro castellano 110
no tenía autoridad
de decir con majestad
lo que se dice en toscano
con mayor felicidad.

Mas esta falta o manquera 115
no la dan a nuestra lengua,
que es bastante y verdadera,
sino solo dicen que era
de buenos ingenios mengua;
y a la causa en lo pasado 120
fueron todos carecientes
de estas trovas excelentes
que han descubierto y hallado
los modernos y presentes.

Viendo pues que presumían,                125
tanto de su nueva ciencia
dijéronles que querían
de aquello que referían
ver algo por experiencia;
para prueba de lo cual,                    130
por muestra de novel uso,
cada cual de ellos compuso
una rima en especial.
Cual se escribe aquí de yuso.


## Soneto *

Si las penas que dais son verdaderas,      135
como bien lo sabe el alma mía,
¿por qué no me acaban? y sería
sin ellas el morir muy más de veras;

y si por dicha son tan lisonjeras,
y quieren retozar con mi alegría,          140
decir ¿por qué me matan cada día
de muerte de dolor de mil maneras?

Mostradme este secreto ya, señora,
sepa yo por vos, pues por vos muero,
si aquesto que padezco es muerte o vida;   145

porque, siendo vos la matadora,
mayor gloria de pena ya no quiero
que poder alegar tal homicida.


## Octava

Ya que mis tormentos son forzados,
bien que son sin fuerza consentidos.       150
¿Qué mayor alivio en mis cuidados
que ser por vuestra causa padecidos?
Si como son en vos bien empleados

de vos fuesen, señora, conocidos,
la más crecida angustia de mi pena                      155
sería de descanso y gloria llena.


Juan de Mena, como oyó
la nueva trova polida,
contentamiento mostró,
caso que se sonrió                                      160
como de cosa sabida,
y dijo: «Según la prueba,
once sílabas por pie
no hallo causa por qué
se tenga por cosa nueva,                                165
pues yo mismo las usé.


Don Jorge dijo: «No veo
necesidad ni razón
de vestir nuevo deseo
de coplas que por rodeo                                 170
van diciendo su intención.
Nuestra lengua es muy devota
de la clara brevedad,
y esta trova, a la verdad,
por el contrario, denota                                175
oscura prolijidad.»


Garci-Sánchez se mostró
estar con alguna saña,
y dijo: «No cumple, no,
al que en España nació                                  180
valerse de tierra extraña;
porque en solas mis lecciones,*
miradas bien sus estancias,
veréis tales consonancias,
que Petrarca y sus canciones                            185
queda atrás en elegancias.»


Cartagena dijo luego,
como práctico en amores:
«Con la fuerza de este fuego

no nos ganarán el juego        190
estos nuevos trovadores;
muy melancólicas son
estas trovas, a mi ver,
enfadosas de leer,
tardías de relación        195
y enemigas de placer.»

Torres dijo: «Si yo viera
que la lengua castellana
sonetos de mí sufriera,
fácilmente los hiciera,        200
pues los hice en la romana;
pero ningún sabor tomo
en coplas tan altaneras,
escritas siempre de veras,
que corren con pies de plomo,        205
muy pesadas de caderas.»

Al cabo la conclusión
fue por buena crianza
y por honrar la invención
de parte de la nación        210
sean dignas de alabanza,
y para que a todos fuese
manifiesto este favor,
se dio cargo a un trovador
que aquí debajo escribiese        215
un soneto en su loor.

## SONETO

Musas italianas y latinas,
gentes en estas partes tan extraña,
¿cómo habéis venido a nuestra España
tan nuevas y hermosas clavellinas?        220

O ¿quién os ha traído a ser vecinas
del Tajo, de sus montes y campaña?
o ¿quién es el que os guía y acompaña
de tierras tan ajenas peregrinas?

—Don Diego de Mendoza y Garcilaso          225
nos trujeron, y Boscán y Luis de Haro *
por orden y favor del dios Apolo.

Los dos llevó la muerte a paso,
Solimán * el uno y por amparo
nos queda don Diego, y basta solo.          230


CANCIÓN A NUESTRA SEÑORA,
VINIENDO EN LA MAR

Clara estrella de la mar,*
dichosa puerta del cielo,
madre de nuestro consuelo,
virgen nacida sin par;

reina bienaventurada,                       5
de todos consolación
en todo tiempo y sazón
sed, pues sois nuestra abogada;
mas por gracia singular,
las rodillas por el suelo,                   10
pedimos vuestro consuelo
mientras estamos en la mar.

Guardad la fusta en que vamos
que es nuestro cuerpo vicioso,
de este mar, tempestüoso                     15
mundo por do navegamos.
La quilla del sustentar,
que es la carne peligrosa,
vaya siempre temerosa
adónde podrá topar.                          20

La proa, que es el deseo,
no se empache en lo que topa;
la voluntad, que es la popa,
no la hiera devaneo;
y el piloto gobernar,                                    25
que es el flaco seso humano,
lleve tal tiento en la mano
que la sepa encaminar.

El mástil, que es la razón,
de tantas cuerdas asido,                                 30
vaya enhiesto, no torcido,
no le doblegue pasión.
Para atar y desatar
suban y bajen ligeros
otros que son marineros,                                 35
puestos para ejecutar.

Las velas por do se guía,
que son los cinco sentidos,
sean de vientos heridos
que vengan sin travesía;                                 40
y si no pudiere andar
nuestra flaqueza mezquina,
viento en popa *a la bolina*
sepa al menos navegar.

# BALTASAR DEL ALCAZAR

## EPIGRAMA 1

### *A dos corcovados*

Contemplaba un corcovado
la corcova del vecino,
teniéndose por divino
y al otro por desdichado.

Porque lo que se usa más      5
es ver ajenos defectos;
tenerse por más perfectos;
traer su corcova atrás.

## EPIGRAMA 2

Revelóme ayer Luisa
un caso bien de reir
quiérotelo, Inés, decir,
porque te caigas de risa.

Has de saber que su tía...      5
no puedo de risa, Inés;
quiero reíllo, y después
lo diré, cuando no ría.

—¿A que no me das un beso?—
Me dijo Inesilla loca,
teniendo en su linda boca
de punta un alfiler grueso.
Yo, que siempre mi provecho                    5
saco de sus burlas, sabio,
fingí dárselo en el labio
y se lo planté en el pecho.


## CENA JOCOSA

En Jaén, donde resido,
vive don Lope de Sosa,
y diréte, Inés, la cosa
más brava de él que has oído.


Tenía este caballero                           5
un criado portugués—
pero cenemos, Inés,
si te parece, primero.


La mesa tenemos puesta;
lo que se ha cenar, junto;                     10
las tazas y el vino, a punto:
falta comenzar la fiesta.


Rebana pan. Bueno está.
La ensaladilla es del cielo;
y el salpicón, con su ajuelo,                  15
¿no miras qué tufo da?


Comienza el vinillo nuevo
y échale la bendición
yo tengo por devoción
de santiguar lo que bebo.                       20

Franco fue, Inés, ese toque;
pero arrójame la bota;
vale un florín cada gota
de este vinillo aloque.

¿De qué taberna se trajo?                                    25
mas ya: de la del cantillo;
diez y seis vale el cuartillo;
no tiene vino más bajo.

Por Nuestro Señor, que es mina
la taberna de Alcocer; *                                     30
grande consuelo es tener
la taberna por vecina.

Si es o no invención moderna,
vive Dios, que no lo sé;
pero delicada fue                                            35
la invención de la taberna.

Porque allí llego sediento,
pido vino de lo nuevo,
mídenlo, dánmelo, bebo,
págolo y voime contento.                                     40

Esto, Inés, ello se alaba;
no es menester alaballo;
sola una falta le hallo:
que con la prisa se acaba.

La ensalada y salpicón                                       45
hizo fin; ¿qué viene ahora?
La morcilla. ¡Oh, gran señora,
digna de veneración!

¡Qué oronda viene y qué bella!
¡Qué través y enjundias tiene!                               50
paréceme, Inés, que viene
para que demos en ella.

Pues ¡sus!, encójase y entre,
que es algo estrecho el camino.
No eches agua, Inés, al vino,     55
no se escandalice el vientre.

Echa de lo trasañejo
porque con más gusto comas:
Dios te salve, que así tomas,
como sabia, mi consejo.     60

Mas di: ¿no adoras y precias
la morcilla ilustre y rica?
¡Cómo la traidora pica!
Tal debe tener especias.

¡Qué llena está de piñones!     65
Morcilla de cortesanos,
y asada por esas manos,
hechas a cebar lechones.

¡Vive Dios, que se podía
poner al lado del Rey!     70
Puerco, Inés, a toda ley,
que hinche tripa vacía.

El corazón me revienta
de placer. No sé de ti
cómo te va. Yo, por mí,     75
sospecho que estás contenta.

Alegre estoy, vive Dios.
Mas oye un punto sutil:
¿No pusiste allí un candil?
¿Cómo remanecen dos?     80

Pero son preguntas viles;
ya sé lo que puede ser:
con este negro beber
se acrecientan los candiles.

Probemos lo del pichel.     85
¡Alto licor celestial!
No es el aloquillo tal,
ni tiene que ver con él.

¡Qué suavidad! ¡Qué clareza!,
¡qué rancio gusto y olor!     90
¡Qué paladar! ¡Qué color,
todo con tanta fineza!

Mas el queso sale a plaza,
la moradilla va entrando,*
y ambos vienen preguntando     95
por el pichel y la taza.

Prueba el queso, que es extremo:
El de Pinto no le iguala.
Pües la aceituna no es mala:
Bien puede bogar su remo.     100

Pues haz, Inés lo que sueles:
Daca de la bota llena
Seis tragos. Hecha es la cena:
Levántense los manteles.

Ya que, Inés, hemos cenado     105
tan bien y con tanto gusto,
parece que será justo
volver al cuento pasado.

Pues sabrás, Inés hermana,
que el portugués cayó enfermo...     110
las once dan; yo me duermo:
quédese para mañana.

Tres cosas me tienen preso
de amores el corazón:
La bella Inés, y jamón,
y berenjenas con queso.

Una Inés, amantes, es                                    5
quien tuvo en mí tal poder,
que me hizo aborrecer
todo lo que no era Inés.
Trájome un año sin seso,
hasta que en una ocasión                                10
me dio a merendar jamón
y berenjenas con queso.

Fue de Inés la primera palma;
pero ya juzgarse ha mal
entre todos ellos cuál                                   15
tiene más parte en mi alma.
En gusto, medida y peso
no les hallo distinción:
Ya quiero Inés, ya jamón,
ya berenjenas con queso.                                 20

Alega Inés su beldad;
el jamón, que es de Aracena; *
el queso y la berenjena,
su andaluz antigüedad.
Y está tan en fiel el peso,                              25
que, juzgado sin pasión,
ya quiero Inés, ya jamón,
ya berenjenas con queso.

Servirá este nuevo trato
de estos mis nuevos amores                               30
para que Inés sus favores

nos los venda más barato.
Pues tendrá por contrapeso
si no hiciere razón,
una lonja de jamón                                         35
y berenjenas con queso.


## VILLANCICO


No quiero, mi madre,
los montes de oro,
sino sólo holgarme
con quien adoro.


L'alma enamorada                                            5
y algo sospechosa
no codicia cosa
sino verse amada;


Y así, estimo en nada
cualquiera tesoro,                                          10
sino sólo holgarme
con quien adoro.


Al que en esta vida
tesoros procura
déle la ventura                                            15
los que tuvo Mida,*
yo, de Amor vencida,
no quiero tesoro,
sino sólo holgarme
con quien adoro.                                            20


Goce el avariento
sus bienes ajenos,
y en sus cofres llenos
funde su contento;
pero el fundamento                                         25

sobre que atesoro
es sólo holgarme
con quien adoro.

Y si hubiere alguna
que esto no me crea,                                    30
como yo se vea
y en igual fortuna:
verá que ninguna
cosa importa el oro
tanto como holgarme                                     35
con quien adoro.


## OCTAVA SOLA

¿Cómo? ¿Por qué no pagas? Di, ¿qué es esto?
¿Adónde ha de llegar tu tiranía?
Toma, señora, ya por presupuesto
aquella pura fe del alma mía.
Lo que debes es bien pagallo presto,                    5
y más a quien te dio cuanto tenía.
¿No quieres, pues, que nada de ti sobre?
¡Ay, Dios, descienda tu venganza y cobre!


## SONETO 1

Si a vuestra voluntad yo soy de cera,
¿Cómo se compadece que a la mía
vengáis a ser de piedra dura y fría?,
de tal desigualdad, ¿qué bien se espera?

Ley es de amor querer a quien os quiera,                5
y aborrecerle, ley de tiranía:
mísera fue, señora, la osadía
que os hizo establecer ley tan severa.

Vuestros tengo riquísimos despojos,
a fuerza de mis brazos granjeados:          10
que vos nunca rendírmelos quisistes;

y pues Amor y esos divinos ojos
han sido en el delito los culpados,
romped la injusta ley que establecistes.


## SONETO 2

¿Volverá lo que fue? Mal es sin cura.
De golpe cae la nieve: adiós, tirano;
que pues pasó el otoño, estío y verano,
no es tiempo ya de fruta ni verdura.

Ya es achacoso invierno: no es cordura      5
que se trate el enfermo como sano;
ya declina la luz, presagio llano
que ya la triste noche se apresura.

Vencido soy del tiempo; ya me veo
por todas partes roto el mortal velo;       10
mas vencedor de mi pasado daño.

Parad, vana esperanza, y vos, deseo,
batid las alas y subíos al cielo;
que allá restauraréis el común daño.


## SONETO 3

Dime, hermoso Baco, ¿quién me aparta
contra mi voluntad de tu servicio
y de aquel gustosísimo ejercicio
que alegra, hinche, traba, mas no harta?

¿No me contaste tú por buena sarta,         5
con el pichel colmado, al sacrificio?
¿No he gastado en sainetes del oficio
cuanto Pedro devana y hila Marta? *.

Pues ¿cómo ahora, triste, no te veo?
¿Cómo no vuelvo a ti? ¿Cómo la vida            10
gasto, sin tu licor divino, ardiente?

Dulcísimo peligro es ¡oh Fineo!
Seguir un rojo dios que trae ceñida
siempre de verdes pámpanos la frente.


### SONETO 4

*La mujer celosa*

Ningún hombre se llame desdichado
aunque le siga el hado ejecutivo,
supuesto que en Argel viva cautivo,
o al remo en las galeras condenado.

Ni el propio loco, por furioso atado,            5
ni el que perdido llora estado altivo,
ni el que a deshonra trujo el tiempo esquivo,
o la necesidad a humilde estado.

Sufrir cualquiera pena es fácil cosa;
que ninguna atormenta tan de veras            10
que no la venza el sufrimiento tanto.

Mas el que tiene la mujer celosa,
ése tiene desdicha, Argel, galeras,
locura, perdición, deshonra y llanto.


### SONETO 5

*Estando para comulgar*

Si os trae mi amistad y compañía,
Señor, aquí os espero, despedido
de otra cualquiera que haya pretendido
tener no vuestra la ignorancia mía.

Entrad en la morada oscura y fría;                5
dadle luz y calor no merecido;
seréis en ella huésped, recibido
con lágrimas de amor y de alegría.

Renovarla Señor, con vuestra diestra
de nuevos edificios y reparos;                    10
que por morada propia os la consigno.

Obrad en ella como en cosa vuestra;
sólo de mí tendréis el confesaros
con humildad que soy de Vos indigno.

# III. LOS DISCIPULOS DE GARCILASO

# DIEGO HURTADO DE MENDOZA

## Soneto 1

### A Doña Marina de Aragón *

En la fuente más clara y apartada
del monte al casto coro consagrado,
vi entre las nueve hermanas asentada
una hermosa ninfa al diestro lado.

Estábase en cabello,* coronada          5
de verde hiedra y arrayán mezclado,
en traje extraño y lengua desusada,
dando y quitando leyes a su grado.

Vi cómo sobre todas parecía;
que no fue poco ver hombre mortal       10
inmortal hermosura y voz divina.

Y conocíla ser doña Marina,
la cual el cielo dio al mundo por señal
de la parte mejor que en sí tenía.

## Soneto 2

¡Si fuese muerto ya mi pensamiento,*
y pasase mi vida así durmiendo
sueño de eterno olvido, no sintiendo
pena ni gloria, descanso ni tormento!

Triste vida es tener el sentimiento 5
tal, que huye sentir lo que desea;
su pensamiento a otros lisonjea;
yo enemigo de mí siempre lo siento.

Con chismerías de enojo y de cuidado
me viene, que es peor que cuanto peno; 10
y si algún placer me trae, con él se va,

como a madre con hijo regalado,*
que si llorando pide algún veneno
tan ciega está de amor que se lo da.

## SONETO 3

### A un retrato

Tu gracia, tu valor, tu hermosura,
muestra de todo el cielo retratada,
como cosa que está sobre natura,
ni pudiera ser vista ni pintada.

Pero ya que en el alma tu figura 5
tengo, en humana forma abreviada,
tal hice retraerte de pintura,
cual amor te dejó en ella estampada.

No por ambición vana o por memoria
de ti, ni para publicar mis males, 10
ni por verte más veces que te veo;

Mas por sólo gozar de tanta gloria,
señora, con los ojos corporales,
como con los del alma y del deseo.

## SONETO 4

Pedís, Reina, un Soneto, ya le hago; *
ya el primer verso y el segundo es hecho;
si el tercero me sale de provecho,
con otro verso el un cuarteto os pago.

Ya llego al quinto; ¡España! ¡Santiago!          5
fuera, que entro en el sexto. ¡Sus, buen pecho
si del sétimo salgo, gran derecho
tengo a salir con vida de este trago.

Ya tenemos a un cabo los cuartetos;
¿qué me decís, Señora? No ando bravo?          10
Mas sabe Dios si temo los tercetos.

Y si con bien este soneto acabo,
nunca en toda mi vida más sonetos;
Ya de éste, gloria a Dios, he visto el cabo.


## SONETO 5

Jorge, que fui ladrón hasta una paja,
en memoria de mi arte y suficiencia,
a la puerta consagro de esta Audiencia
este dedal de plomo, esta navaja.

Nunca entre noche y día hice ventaja,          5
ni entre manga y bragueta diferencia;
cualquier bolsa me daba la obediencia,
inclinábase a mí cualquier alhaja.

Teniendo tanta honra ya ganada,
no hay para qué hollar pisadas viejas          10
ni andar del blanco al negro salpicando.

Recójome, aunque tarde, a la posada,
contento con dejar ambas orejas,
por no quedar al sol bamboleando. *

# A LA VARIEDAD DE LA FORTUNA *

Un pobre desesperado,
teniendo en poco su vida,
como persona aburrida,
al lazo se ha condenado.

Y donde iba a acometer                               5
batalla tan de temer,
halló un tesoro escondido;
y rico y arrepentido
trocó su lazo en placer.

Y el que le tenía encubierto,                        10
yendo a gozar de su oro,
halló el lazo, y no el tesoro;
¡Oh, fortuna, éste es concierto!

Y con la rabia y despecho,
todo con ira deshecho,                               15
echó al cuello el lazo fuerte,
y él mismo se dio la muerte:
¡Ved qué costa y qué provecho!


## ESTANDO PRESO POR UNA PENDENCIA QUE TUVO EN PALACIO

Estoy en una prisión,
en un fuego y confusión,
sin pensallo;
que aunque me sobra razón
para decir mi pasión,                                5
sufro y callo.

¡Oh, cuánto tiempo he callado,
por gustar quien lo ha mandado,

de mandallo,
sufrido y disimulado!                               10
Y aunque estoy en este estado,
sufro y callo.

El amor es quien ordena
ésta tan terrible pena
en que me hallo.                                    15
Sea muy enhorabuena;
por ser la causa tan buena
sufro y callo.

En este mal que me empleo,
me deleito y me recreo                              20
en contemplallo;
que aunque me aprieta el deseo,
por el tiempo en que me veo
sufro y callo.

Espero agradecimiento,                              25
pues vemos que su contento
es dilatallo.
Por ser grave el fundamento,
dice siempre el pensamiento:
Sufro y callo.                                      30

Mostré con pecho fingido
estar libre y ofendido
sin estallo;
y más en mi daño ha sido,
porque ahora ya rendido,                            35
sufro y callo.

Procuré encubrir del alma
el dolor que me desalma,
con negallo;
mas, viendo mi bien en calma,                       35
y que otro goza la palma,
sufro y callo.

El error de mi paciencia
hiciera ya diligencia
en remediallo;                                    40
mas, por ver que en tu inclemencia
está dada la sentencia,
sufro y callo.

Sé que aumenta tu contento
la causa de mi tormento,                          45
por causallo.
Dios sabe mi sentimiento,
mas, pues remedio no siento,
sufro y callo.

Hacerme ofensas injustas,                         50
tu rabia y tu enojo ajustas,
por vengallo;
y aunque sé que no son justas,
viendo que tú de ello gustas,
sufro y callo.                                    55

Considera que el que rabia,
con el dolor nunca agravia
en publicallo;
y yo, que sé que eres sabia,
por si esto te desagravia,                        60
sufro y callo.

No es mi mal para creer,
ni menos para poder
disimulallo;
mas solamente por ver                             65
cuándo se ha de fenecer,
sufro y callo.

## EPÍSTOLA A BOSCÁN *

El no maravillarse hombre de nada
me parece, Boscán, ser una cosa
que basta a darnos vida descansada.

Esta orden del cielo presurosa,
este tiempo que huye por momentos,          5
las estrellas y sol que no reposa,

hombres hay que lo miran muy exentos,
y el miedo no les trae falsas visiones,
ni piensan en extraños movimientos.

¿Qué juzgas de la tierra y sus rincones,          10
del espacioso mar que así enriquece
los apartados indios con sus dones?

¿Qué dices del que por subir padece
la ira del soberbio cortesano
y el desdén del privado cuando crece?          15

¿Qué del gallardo mozo, que liviano
piensa entendello todo y emprender
lo que tú dejarías por temprano?

¿Cómo se han de tomar, cómo entender
las cosas altas y a las que son menos?          20
¿Qué gesto les debríamos hacer?

Esta tierra nos trata como ajenos,
la otra nos esconde sus secretos:
¿para cuál piensas tú que somos buenos?

El que teme y desea están sujetos          25
a una misma mudanza, a un sentimiento:
de entrambos son los actos imperfetos.

Entrambos sienten un remordimiento,
maravíllanse entrambos de que quiera,
a entrambos turba un miedo el pensamiento. 30

Si se duele, si huelga, o si espera,
si teme, todo es uno, pues están
a esperar mal, o bien de una manera.

En cualquier novedad que se verán,
sea menos o más que su esperanza,                    35
con el ánimo clavados estarán.

El cuerpo, ojos, sin hacer mudanza,
con las manos delante, por tomar
o excusar lo que o duele o no se alcanza.

El sabio se podría loco llamar                       40
y el justo injusto el día que forzase
pasar a la virtud de su lugar.

Dime, ¿cuál sería el hombre que alcanzase
a ver si incomparable fortaleza,
si más de lo que basta la buscase?                   45

Admírate, Boscán, de la riqueza,
del rubio bronce, de la blanca piedra,
entallados con fuerza y sutileza.

Maravíllate de esa verde yedra
que tu frente con tanta razón ciñe,                  50
con cuanto de la mía ora se arredra;

del rosado color que en Asia tiñe
la blanda seda y lana delicada
del contrario de aquel que la destiñe;

la verde joya que es de amor vedada,                 55
porque en el fin sagrado rompe luego,
la transparente perla bien tallada,

y la que en color vence el rojo fuego,
el duro diamante que al sol claro
turba su luz y al hombre torna ciego.     60

Aquella hermosura que tan caro
te cuesta, y que holgabas tanto en vella,
contra cuya herida no hay reparo,

admiróte otro tiempo ver cuán bella,
cuán sabia es, cuán gentil y cuán cortés,     65
y aun quizá ahora más te admiras de ella.

Y tu lengua que debajo de los pies
trae el sujeto, y nos lo va mostrando
como tú quieres, y no como ello es,

admírente mil hombres que escuchando     70
tu canto están, y el pueblo que te mira,
siempre mayores cosas esperando.

Con la primera noche te retira,
y con la luz dudosa te levanta
a escribir lo que al mundo tanto admira.     75

¿Cuál es aquel cativo que se espanta,
que el año fértil hincha los graneros,
al que fortuna y no razón levanta?

¿Por qué quieren que hagan los dineros,
que yo me admire de él y él no de mí,     80
pues si él ni yo los hubimos de herederos?

Lo que la tierra esconde dentro en sí,
la edad y el tiempo lo han de descubrir,
y en cubrir lo que vuela por ahí.

En fin, señor Boscán, pues hemos de ir     85
los unos y los otros un camino
trabaje el que pudiere de vivir.

Si en la cabeza algún dolor te vino
agudo, o en el cuerpo que te ofenda,
procura huir de él y ten buen tino.          90

Si te puede sacar de esta contienda
la virtud, como viene sola y pura,
al resto del deleite ten la rienda.

Por los desiertos montes va segura,
ni teme las saetas venenosas,                95
ni el fuego que no para en armadura;

no entrar en las batallas peligrosas,
no la cruda, importuna y larga guerra,
ni el bravo mar con ondas furiosas;

no la ira del cielo, que a la tierra         100
hace tremer, con terrible sonido,
cuando el rayo rompiéndola se entierra.

El hombre bueno y justo no es movido
por ninguna destreza de ejercicios,
por oro ni metal bien esculpido;            105

no por las pesadumbres de edificios,
adonde la grandeza vence al arte
y es natura sacada de sus quicios;

no por el que procura vana parte
y con el ojo gobernar el mundo,             110
forzando la fortuna, aunque se aparte;

no por la eterna pena del profundo,
no por la vida larga o presta muerte,
no por ser uno solo y sin segundo.

Siempre vive, contento con su suerte,       115
buena o mediana, como él se la hace,
y nunca estará más ni menos fuerte.

Cualquiera tiempo que llega, aquél le place,
cuando no puede huir la triste vez,
y búrlase de aquél a quien desplace.          120

'Todo se mide, de sí mismo es juez,
reposado en su vida está y seguro,
uno en la juventud y en la vejez.

Es por de dentro y por de fuera puro,
piensa en sí lo que dice y lo que ha hecho, 125
duro en creer y en esperar más duro.

En cualquier medio vive satisfecho,
procura de ordenar (en cuanto puede),
que en todo la razón venza al provecho.

Esto no sigue tanto que él no quede          130
dulce en humano trato y conversable,
ni de entender al mundo que le hiede.

Pónese en el estado razonable,
nunca espera, ni teme, ni se cura
de la que le parece que es mudable.          135

Jamás de todo en todo se asegura,
ni se da tanto a la reguridad
que, por seguilla, olvide la blandura.

Deja a veces vencer la voluntad,
mezclando de lo dulce con lo amargo,          140
y el deleite con la severidad.

De lo menos que él puede se hace cargo,
daña a ninguno y a todos aprovecha,
no hace por que debía dar descargo.

Este va por la vía más derecha,              145
de todo lo que viene hace bueno,
de nada se ensandece o se despecha.

Si la mano metiese hombre en su seno,
y hubiese de llorar lo que no viene,
ni pararía en lo suyo ni en lo ajeno.          150

El gran rey de Marruecos dicen tiene
gran número de gentes y ganados,
pero nunca el dinero que conviene.

Algunos en la guerra son guardados
con las riquezas, y otros con varones,          155
y algunos con los montes encumbrados,

otros con elegancias de razones;
mas el que lo tuviere todo junto,
será dichoso y libre de pasiones.

¡O quién pudiera verse en este punto          160
cuanto al ánimo, aunque no cuanto al poder,
y tuviéseme el mundo por difunto!

¡Conmigo se acabase allí mi ser,
y tan poca memoria de mí hubiese,
como si nunca hubiera de nacer!          165

¡La noche del olvido me cubriese
en esta medianeza comedida,
y el vano vulgo no me conociese!

Entonces haría yo sabrosa vida,
libre de las mareas del gobierno          170
y de loca esperanza desabrida.

Ardería mi fuego en el invierno,
contino y claro, y el manjar sería
más rústico, pero más dulce y tierno.

El vino antiguo nunca faltaría,          175
que los pies y la lengua me trabase,
mezclado con el agua clara y fría.

Y cuando el año se desinvernase,
vendría de pacer manso el ganado
a que la gruesa leche le ordeñase;                    180

llevarle el día al espacioso prado
me placería, y tornallo a la majada
donde fuese seguro y sosegado;

otras veces a mano rodeada,
esparcería tras de los tardos bueyes,                 185
el rubio trigo a la áspera cebada.

A la noche estaría dando leyes,
al fuego, a los cansados labradores,
que venciesen las de los grandes reyes;

oiría sus cuestiones en amores,                       190
y gustaría sus nuevas elocuencias,
y sus desabrimiento y favores;

sus cuentos, sus donaires, sus sentencias,
sus enojos, sus fieros, su motín,
sus celos, sus cuidados, diferencias.                 195

Vendrías tú y Jerónimo Agustín,
partes del alma mía, a descansar
de vuestros pensamientos y su fin,

cansados ya de la vida del lugar,
llenos de turbulencia, y de pasión,                   200
uno de pleitos, el otro de juzgar;

vendría la bondad de corazón,
toda la vida sabrosa con Durall,
traeríades con vos a Monleón.

Allí se reiría del bien y del mal,                    205
y cada uno hablaría a su guisa,
y escuchara el que no tiene caudal.

De contar mal no se pagaría sisa,
y podría ser venir otro Cetina
que la paciencia nos tornase en risa,　　　　210

¡O si —lo que mi alma no adivina—
la que ahora me persigue y de mí huye,
y en quererme dañar es tan contina,

con aquella pasión que me destruye
tornada en compasión, y su cruel ira　　　　215
en mansedumbre, que ella más rehúye,

se hallase presente! ¡O tú, Marfira,
pues mi corazón, vengas o no vengas,
siempre ha de suspirar como suspira,

ruégate este cativo que no tengas　　　　220
tan duro ánimo en pecho tan hermoso,
ni tu inmortal presencia nos detengas!

¡Por ti me place este lugar sabroso,
por ti el olvido dulce con concierto,
por ti querría la vida y el reposo;　　　　225

por ti la ardiente arena en el desierto,
por ti la nieve helada en la montaña,
por ti me place todo desconcierto!

¡Mira el sabroso olor de la campaña,
que dan las flores nuevas y süaves,　　　　230
cubriendo el suelo de color extraña;

oye los dulces cantos que las aves
en la verde arboleda, están haciendo,
con voces ahora agudas, ahora graves;

mira las limpias aguas que riendo　　　　235
corren por los arroyos y estorbadas,
por las pintadas guijas van huyendo;

las sombras que al sol quitan sus entradas,
con los verdes y entretejidos ramos,
y las frutas que de ellos son colgadas!            240

Paréceme, Marfira, que ya estamos
en todo, y que no finge mi deseo
lo que querría, sino lo que pasamos.

Tú la verás, Boscán, y yo la veo
(que los que aman vemos más temprano):    245
hela en cabello negro y blanco arreo.

Ella te cogerá con blanda mano
las rojas uvas y la fruta cana,
dulces y frescos dones del verano.

Mira qué diligente y con qué gana          250
viene al nuevo servicio, qué pomposa
está con el trabajo y cuán ufana.

En blanca leche colorada rosa,
nunca para su amiga, vi al pastor
mezclar, que pareciese tan hermosa.        255

El verde arrayán tuerce enderredor
de tu sagrada frente, con las flores
mezclando oro inmortal a la labor.

Por cima van y vienen los amores,
con las alas en vino remojadas,            260
suenan en el carcaj los pasadores.

Remede quien quisiere las pisadas,
de los grandes que el mundo gobernaron,
cuyas obras quizá están olvidadas;

desvélese en lo que ellos no alcanzaron,   265
duerma descolorido sobre el oro.
que no le quedará más que llevaron.

Yo, Boscán, no procuro otro tesoro
sino poder vivir medianamente,
ni escondo otra riqueza ni otra adoro. 270

Si aquí hallas algún inconveniente,
como hombre diestro, y no como yo soy,
me desengaña de ello en continente,
y si no ven conmigo a donde voy.

## Soneto 1

Aires suaves que mirando atentos
escucháis la ocasión de mis cuidados,
mientras que la triste alma, acompañados
con lágrimas, os cuenta sus tormentos.

Así alegres veáis los elementos,                    5
y en lugares do estáis enamorados
las hojas y los ramos delicados
os respondan con mil dulces acentos.

De lo que he dicho aquí, palabra fuera
de entre estos valles salga a do sospecha     10
pueda jamás causarme aquella fiera.

Yo deseo callar; mas ¿qué aprovecha?
que la vida, que ya se desespera,
para tanto dolor es casa estrecha.

## Soneto 2

Amor, fortuna y la memoria esquiva
del mal presente, atenta al bien pasado,
me tienen tan perdido y tan cansado,
que de triste vivir la alma se priva.

Fortuna me contrasta; amor aviva     5
el fuego; la memoria un desusado
dolor me causa, y en tan triste estado
quieren a mi pesar los tres que viva.

Ya no espero ver más alegres días;
mas de mal en peor preso y revuelto     10
me hallo en la mitad de la carrera,

teniendo de delante las porfías:
la esperanza de vidrio se me ha vuelto
y rompió cuando más durar debiera.


## SONETO 3

Amor me trae en el mar de su tormento,
al placer de las ondas de mudanzas;
mil fortunas tal vez, tal vez bonanzas,
traen acá y allá mi sentimiento.

Sígueme alguna vez próspero viento;     5
meten velas entonces esperanzas;
mas salen de través desconfianzas,
y acobardan el triste pensamiento.

Siéntome alguna vez alzar al cielo
y otras mil abajar hasta el abismo.     10
Ya me esfuerzo, ya temo, ya me atrevo.

Hora huyo, hora espero, hora recelo;
y en tanta variedad, no sé yo mismo
qué quiero, aunque sé bien qué querer debo.


## SONETO 4

¡Ay, dulce tiempo, por mi mal pasado,
en el cual me vi yo de amor contento!
¡Cómo se fue volando con el viento,
y sólo la memoria en mí ha quedado!

¡Ay, triste tiempo, lleno de cuidado,    5
de pesar y dolor, pena y tormento!
¿Quién hace así tardar tu movimiento?
¿Cómo vas tan despacio y tan pesado?

Si tanto bien no mereció mi suerte,
¿cuál desdicha ordenó que lo gustase?    10
Y si era bien, ¿para qué fue mudable?

Y si había de venir un mal tan fuerte
tras él, para que más me lastimase,
¿por qué es mi mal más que mi bien estable?

## SONETO 5

Como al que grave mal tiene doliente,
después de haber con la paciencia larga
faltado la virtud, que el mal se alarga
la rabia y el dolor hace impaciente;

y como cuando afloja el accidente    5
la lengua, el pesar, la culpa carga,
la conciencia se duele, el alma amarga,
y de cuanto ha hablado se arrepiente:

así en la furia yo de aquel tormento
que me causáis, me quejo y me maldigo,    10
y ruego a Dios que cual me veis os vea.

Después me reconozco y arrepiento;
mas no puedo hacer, por más que digo,
que lo que dije ya dicho no sea.

## SONETO 6

Como enfermo a quien ya médico cierto *
dice que ha de morir si no se bebe
un vaso de ponzoña, y no se atreve,
siéndole el daño de ello descubierto,

217

teme, si dura el mal, que ha de ser muerto    5
antes que el medio peligroso pruebe,
y si para proballo al fin se mueve
está de su salud también incierto,

a tal término, Amor, soy allegado,
que me mata el temor, y el desengaño    10
me tiene de la muerte temeroso.

Pensar venir en duda es excusado;
y habiendo de pasar por el un daño
de entrambos igualmente estoy dudoso.


### SONETO 7

Como la oscura noche al claro día
sigue con inefable movimiento,
así sigue al contento el descontento
de amor, y a la tristeza la alegría.

Sigue al breve gozar luenga porfía;    5
al dulce imaginar sigue el tormento,
y al alcanzado bien el sentimiento
del perdido favor que lo desvía.

De contrarios está su fuerza hecha,
sus tormentas he visto y sus bonanzas,    10
y nada puedo ver que me castigue.

Ya sé qué es lo que daña y aprovecha;
más, ¿cómo excusará tantas mudanzas
quien ciego tras un ciego a ciegas sigue?


### SONETO 8

Como la simplecilla mariposa,*
a torno de la luz de una candela,
de puro enamorada se desvela,
ni se sabe partir, ni llegar osa;

vase, vuelve, anda y torna, y no reposa,                     5
y de amor y temor junto arde y hiela,
tanto que al fin las alas con que vuela
se abrasan con la vida trabajosa...

así ¡mísero yo! de enamorado,
a torno de la luz de vuestros ojos,                         10
vengo, voy, torno, y vuelvo, no me alejo.

Mas es tan diferente mi cuidado,
que, en medio del dolor de mis enojos,
ni me acaba el ardor ni de arder dejo.


## Soneto 9

Con aquel recelar que amor nos muestra *
mezclado el desear con gran cuidado,
viendo soberbio el mar, el cielo airado,
Hero estaba esperando a la fenestra,

cuando fortuna, que hacer siniestra                          5
quiso la fin de un bien tan deseado,
al pie de la alta torre ya ahogado
del mísero Leandro el cuerpo adiestra.

Ciega, pues, del dolor extraño, esquivo,
de la fenestra con furor se lanza                           10
sobre Leandro, en el caer diciendo:

pues a mis brazos que llegase vivo
no quiso el hado ¡oh sola mi esperanza!
espera, que a do vas te voy siguiendo.


## Soneto 10

Cuando a contemplar vengo el curvo breve
de esta vida mortal, vana, ligera,
y cómo saltear airada y fiera
suele la muerte a aquel que morir debe,

viene el sentido a ser casi de nieve,                    5
ante el sol del temor que desespera,
viendo cuán tarde y mal, ya que andar quiera,
el mal uso a virtud los pasos mueve.

Y es el mal que me quejo y muestro ceño
de fortuna, de Amor, de mi Señora,                    10
sabiendo que la culpa es toda mía:

que como hombre engolfado en dulce sueño,
me duermo sin pensar siquiera un hora
que siendo el morir cierto, ignoro el día.


## SONETO 11

En un bastón de acebo que traía,
por sostener el cuerpo trabajado,
Vandalio de su mano había entallado *
la imagen que en el alma poseía;

y como que presente la tenía                    5
mirando de ella el natural traslado,
envuelto en un suspiro apasionado,
con lágrimas llorando le decía:

«Dórida, si mirando esta figura,
siento el alma encender, siento abrasarme,    10
piensa qué será ver tu hermosura.

«Si así puedes hablar como mirarme,
di cuándo acabará mi desventura...
mas no querrás hablar por no hablarme.»


## SONETO 12

Es lo blanco castísima pureza; *
amores significa lo morado;
crüeza o sujeción es lo encarnado;
negro obscuro es dolor, claro tristeza.

Naranjado, se entiende que es firmeza;     5
rojo claro es vergüenza, y colorado
alegría; y si obscuro es lo leonado,
congoja; claro es señoril alteza.

Es lo pardo trabajo; azul es celo;
turquesado es soberbia, y lo amarillo     10
es desesperación; verde, esperanza.

Y de esta suerte, aquel que niega el cielo
licencia en su dolor para decillo,
lo muestra sin hablar, por semejanza.


## SONETO 13

### *A los huesos de los españoles muertos en Castelnovo* *

Héröes glorïosos, pues el cielo
os dio más parte que os negó la tierra,
bien es que por trofeo de tanta guerra
se muestren vuestros huesos por el suelo.

Si justo desear, si honesto celo     5
en valeroso corazón se encïera,
ya me parece ver, o que sea tierra
por vos la Hesperia nuestra, o se alza a vuelo.

No por vengaros, no, que no dejastes
a los vivos gozar de tanta gloria,     10
que envuelta en vuestra sangre las llevastes,

si no para probar que la memoria
de la dichosa muerte que alcanzastes
se debe envidiar más que la victoria.


221

## Soneto 14

Horas alegres que pasáis volando
por que a vueltas del bien mayor mal sienta;
sabrosa noche que en tan dulce afrenta
el triste despedir me vas mostrando;

importuno reloj que, apresurando                          5
tu curso, mi dolor me representa;
estrellas con quien nunca tuve cuenta,
que mi partida vais acelerando;

gallo que mi pesar has denunciado,
lucero que mi luz va oscureciendo,                       10
y tú, mal sosegada y moza aurora;

si en vos cabe dolor de mi cuidado;
id poco a poco el paso deteniendo,
si no puede ser más, siquiera un hora.


## Soneto 15

Leandro, que de amor en fuego ardía, *
puesto que a su deseo contrastaba,
al fortunoso mar, que no cesaba,
nadando a su pesar, vencer quería.

Mas viendo ya que el fin de su osadía                    5
a la rabiosa muerte lo tiraba,
mirando aquella torre en donde estaba
Hero, a las fieras ondas se volvía.

A las cuales con ansia enamorada
dijo: «Pues aplacar furor divino,                         10
enamorado ardor, no puede nada,

dejadme al fin llegar de este camino,
pues poco he de tardar, y a la tornada
secutad vuestra saña y mi destino.»

## Soneto 16

Ni por el cielo ver correr estrellas,
ni por tranquilo mar navíos cargados,
ni en plaza tornear hombres armados,
ni a caza en bosque ver ninfas muy bellas,

ni en gran oscuridad volar centellas.     5
Ni llenos por abril de flor los prados,
ni galanes en sala aderezados,
ni en cabello bailar tiernas doncellas,

ni el sol en el nacer de un claro día,
ni árboles de flor y fruta llenos,     10
ni fuego sobre nieve helada y fría,

ni todo cuanto hay más ni cuanto hay menos
de hermoso en el mundo, igualaría
vuestro dulce mirar, ojos serenos.

## Soneto 17

### Al Emperador

No fuera Alcides, no, famoso tanto
ni durara en el mundo hoy su memoria,
si menos cara hubiera la victoria
de los monstruos que aún hoy causan espanto.

La fuerte emulación con todo cuanto     5
contrasta casi al par con vuestra gloria,
harán al fin, Señor, que vuestra historia
nos dure con eterno e inmortal canto.

El vencer tan soberbios enemigos,
sujetar tantos monstruos, tanta gente,     10
con el valor que el cielo en vos derrama,

al siglo por venir serán testigos
del honor que dará perpetuamente
a Carlos Quinto Máximo la fama.

## SONETO 18

Ojos, rayos del sol, luces del cielo,
que, con un volver manso y pïadoso,
en el trance más fuerte y peligroso
me solíades dar mayor consuelo;

¿qué ceño tan crüel, qué oscuro velo,
es el que me mostráis tan temeroso?
¿qué es del blando mirar, grave, amoroso,
que apartaba de mí cualquier recelo?

¿Qué es esto? ¿No sois vos aquellos ojos
que me suelen valer y asegurarme?          10
¿No me habéis dado vos mil desengaños?

Pues ojos, ocasión de mis enojos,
¿por qué ahora miráis para matarme?
¿Caben en tal beldad tales engaños?

## SONETO 19

Por una alta montaña, trabajando
por llegar a la cima deseada,
una piedra muy grande y muy pesada
sube Sísifo * a cuestas, suspirando.

Mas no tan presto arriba llega, cuando          5
rodar la deja abajo; y no es llegada,
que subir otra vez y otra le agrada,
de un trabajo otro nuevo comenzando.

Así sube, Señora, el alma mía
con la carga mortal de mis cuidados      10
la montaña de la alta fantasía,

y aún no son unos males acabados,
cuando la obstinación de mi porfía
sigue los que me están aparejados.


### Soneto 20

Si es verdad como está determinado,
como en caso de Amor es ley usada,
transformarse el amante en el amada,
(que por el mismo Amor fue así ordenado),

yo no soy yo: que en vos me he transformado,  5
y el alma puesta en vos, de sí ajenada,
mientras de vuestro ser sólo se agrada
dejando de ser yo vos se ha tornado.

Mi seso, mis sentidos y mis ojos,
siempre vos los movéis y los movisteis      10
desde el alma do estáis hecha señora.

Si cosa he dicho yo que os diere enojos,
mi lengua sólo fue pronunciadora;
mas vos que la movéis, vos lo dijisteis.


### Canción

No pongo a mis males culpa;
porque a mi terible pena
la causa que la condena
la disculpa.

Ausente me condenastes,                           5
señora, por cuanto os quiero,
y luego me disculpastes
en ser vos por quien yo muero.

Pues vuestra beldad disculpa
todas las penas que ordena,                       10
quien por vos no tiene pena,
tiene culpa.

## EPÍSTOLA

### *La Pulga* *

Señor compadre, el vulgo, de envidioso,
dice que Ovidio * escribe una elegía
de la Pulga, animal tan enojoso.

Y mienten, que no fue ni es sino mía;
notada de invención, más traducida               5
de cierta veneciana fantasía,

y, mutatis mutandis, añadida;  .
porque la traducción muy limitada
suele ser enfadosa y desabrida.

¡Oh Pulga esquiva, fiera y porfiada,             10
enemiga de damas delicadas,
tú que puedes saltar cuando te agrada!

¡Quién tuviese palabras tan limadas
bastantes a decir de tus maldades
fierezas memorables señaladas!                   15

Tú haces pruebas grandes y crueldades,
y aún creo que tú sola entre animales
sabes más que la mona de ruindades.

Haces atrevimientos, ¡y qué tales!
dejas amancillada una persona,                     20
que parecen de lepra las señales.

Por ti el más cuerdo, en fin, se desentona;
vives de humana sangre, y siempre quieres
comer, a misa, a vísperas y a nona.

Entre nosotros vas, y eres quien eres,            25
siempre a nuestro pesar, y no hay ninguno
que se pueda guardar cuando le hieres.

No sabemos de ti lugar alguno;
ni eres fraile, ni abad, ni monacillo,
ni hembra, ni varón, ni apenas uno.               30

Eres una monada, eres coquillo,
eres un punto negro, y haces cosas
que no osaran hacer en Peralvillo. *

Das tenazadas ásperas, rabiosas,
al rey como al pastor, al pobre, al rico,         35
y al príncipe mayor enojar osas.

Picas, no sé con qué, que todo es chico:
¡Dejárasnos, al menos, en picando,
como deja el abeja el cabo y pico!

Esté el hombre durmiendo, esté velando,           40
tú sin temor y sin vergüenza alguna
lo estás con tus picadas molestando.

El simplecillo niño está en la cuna, la delicada
monja allá en el coro,
y a todos tratas sin piedad alguna.               45

No tienes reino, centro ni tesoro;
mas hártaste de sangre de cristianos,
que no lo hace un perro, un turco, un moro.

Ni se ríen de ti los cortesanos,
mostrando el pecho abierto entre las damas,   50
los hígados ardiendo y los livianos:

pues tú, malvada, en medio de sus llamas,
los haces renegar y retorcerse,
pudiéndolos tomar allá en sus camas.

¿Hay hazaña mayor que pueda verse   55
que el ver al más galán, si tú le cargas,
perdiendo gravedad, descomponerse?

Traidora, si te agradan faldas largas,
¿por qué dejas los frailes religiosos?
¿por qué no los molestas y te alargas?   60

Que sus bocados son los más sabrosos:
allí me las den todas; tus denuedos
allí pueden hacer tiros dañosos.

Si por tomarte van los hombres quedos
cuando piensan que estás dentro en la mano,   65
con un salto te vas de entre los dedos.

El que piensa engañarte es muy liviano;
porque vuelas sin alas, más ligera
que pensamiento de algún hombre vano.

Una razón, una palabra entera   70
sueles interrumpir, mientra, durmiendo,
te muestras insolente, airada y fiera.

¡Ay, pulga! a los alanos te encomiendo;
y aun esto que decir de ti me resta,
a bocados me vas interrumpiendo.   75

Pues no os he dicho nada de la fiesta
que pasa, si se os entra en una oreja.
Allí es el renegar; mas poco presta.

Allí va susurando como abeja,
métodos en el celebro una tormenta,                80
cual debéis ya saber, que es cosa vieja.

Mas entremos ¡oh pulga! en otra cuenta,
y no te maravilles si me ensaño;
que no es mucho que el hombre se resienta.

Dime, falsa, crüel, llena de engaño,              85
¿cómo osas tú llegar a aquel hermoso
cuerpo de mi Señora a hacer daño?

Mientras el sueño le da dulce reposo,
presuntüosa tú le estás mordiendo,
o vas por do pensallo apenas oso.                 90

¡Qué libremente estás gozando y viendo
aquellos bellos miembros delicados,
y por do nadie fue vas discurriendo!

La cuitada se tuerce a tus bocados;
mas tú, que vas sin calzas y sin bragas,          95
entras do no entrarán los más osados.

No puede haber maldad que tú no hagas;
pero eres pulga, y sea lo que fuese,
¡de cuál envidia el corazón me llagas!

Parezca mal a aquel que pareciese,               100
yo quisiera ser pulga, y que con esto
me tornase a mi ser cuando quisiese.

Porque en aquella forma no era honesto,
ni pudiera agradar a mi Señora,
ni a mí, y me quedara hecho un cesto. *          105

Lo que fuera de mí contemplo ahora,
y siento de dulzura deshacerme
y aun tal parte hay en mí que se mejora.

Lo primero sería luego esconderme
debajo de sus ropas, y en tal parte,                  110
que me sintiese y no pudiese verme.

Allí me estaría quedo, y, con gran arte,
miraría aquel cuerpo delicado
que de rosas y nieve se reparte.

¡Qué tal estaría yo, disimulado,                       115
gozando ahora el cuello, ahora el pecho,
andando sin temor por lo vedado!

Un sátiro, un prïapo estoy ya hecho,
pensando en aquel bien que gozaría
viendo que ya dormida se iba al hecho.                 120

¡Cuán libremente, qué a placer vería
todas aquellas partes, que, pensando,
me enderezan allá la fantasía!

Pero quien tanto bien fuese mirando,
¿cómo podría estar secreto y quedo,                    125
que aun ahora, sin serlo, estoy saltando?

Mas pusiérame seso, al fin, el miedo,
y hasta que saliesen las criadas,
que aun esperar, pensándolo, no puedo.

En sintiendo las puertas bien ceradas,                 130
dejando aquella forma odiosa y fiera,
siguiera del amor otras pisadas.

Tornárame luego hombre, y no cualquiera,
mas un mozo hermoso y bien dispuesto,
robusto dentro, muy galán de fuera.                    135

Llegara muy humilde ante ella puesto,
la boca seca, la color perdida,
ojos llorosos, alterado el gesto.

Dijérale: «¡Mi alma, entrañas, vida!
yo me muero por vos más ha de cuanto;      140
no dejemos pasar esta venida.»

Pero, por no causar algún espanto,
antes que la hablara alguna cosa,
escupiera o tosiera allí entretanto.

Ella, más atrevida y maliciosa          145
que mula de alquiler, entendería
por las señas, y el texto por la glosa.

Allí era el desparlar la parlería,
y el afirmar con treinta juramentos
que era todo verdad cuanto diría.       150

Pintárala mayores mis tormentos
que la torre que el asno de Nembrote *
comenzó con tan vanos fundamentos.

No la hablara con furor y al trote,
antes grave, piadoso y afligido,        155
porque no me tuviera por virote.

Dijérale: «Señora, yo he venido
aquí; solos estamos, sin que alguno
lo vea, ni jamás será sabido.

»Yo soy mozo y vos moza. No hay ninguno  160
que nos pueda estorbar que nos holguemos;
el tiempo y el lugar es oportuno.»

Mostrara gran pasión; hiciera extremos,
suspiros, pasmos, lágrimas, cosillas
con que suelen vencerse, como vemos.     165

Si la viera sufrir tales cosquillas
y callando mostrar que lo otorgaba,
allí fuera el hacer las maravillas.

Mas si airada la viera y que gritaba,
tornándose a ser pulga en un momento,      170
del peligro mayor me aseguraba.

Allí fuera, ver su desatiento,
cuando llegara gente a socorrella,
quedarse amortecida y sin aliento.

Mas siendo, como es, tan sabia ella,      175
antes quiero creer que tan segura
ocasión no quisiera así perdella.

Que no es honestidad, sino locura,
no gozar hembra el bien que está en la mano,
sin poner vida y honra en aventura.      180

Pero yo os voto a Dios, compadre hermano,
que si la mi señora no callara,
que no fuera el dar voces lo más sano.

Porque ya podéis ver si recelara
tornándose a hacer pulga, y si pudiera      185
asentalle diez higas en la cara.

Siendo pulga, debajo me metiera
de las ropas, y como un bravo y fiero
león, toda a bocados la comiera.

Entrárale en la oreja lo primero;      190
hiciérala rabiar, y por nonada
entrara en parte... Ya en pensarlo muero.

Tuviérala despierta y desvelada;
y apenas hay en ella alguna cosa,
donde no le asentara una picada,      195

y ella, que es tan soberbia y enojosa,
mal sufrida, colérica, impaciente,
fuera harto de verla así rabiosa,

viendo que tuvo la ocasión presente,
no habiendo de dormir, para holgarse,      200
y que así la perdió súbitamente.

¡Qué hiciera de torcerse y de quejarse!
¿Pues quizá dejaría de picalla?
Ni por verla llorar ni lamentarse.

¿Hallarme por el rastro, ni esperalla      205
si viniera a tomarme? Era excusado:
yo sé bien cómo había de molestalla.

Mas, compadre, ¿no veis dó me ha llevado
el cuento de la pulga, y lo que ofrece
un pensamiento a un triste enamorado?      210

Esta contemplación, que así parece
cual tesoro que el duende a veces muestra,
o riqueza que en sueños aparece.

No penséis, pues, Señor, por vida vuestra,
que estoy fuera de mí ni desvarío,         215
porque será opinión algo siniestra.

Pasóme la corriente, y como el río
sigo tras el correr que así me fuerza,
como quiere el perverso hado mío.
Haciendo que a una parte y a otra tuerza.  220


### EPÍSTOLA 2

*Al Príncipe de Áscoli* *

Señor, más de cien veces he tomado
la pluma y el papel para escribiros,
y tantas no sé cómo lo he dejado.

Y no os maravilléis, porque son tiros
que del pasado mal de los amores                                5
quedaron en lugar de los suspiros.

Ya no canto, Señor, por los temores
que solía cantar; ya mudo verso;
ya se pasó el furor de los furores.

Un modo de escribir nuevo y diverso                             10
me hallé, poco ha, para holgarme,
y por huir del otro tan perverso,

Solía cantar de amor y desvelarme,
andar fantasticando mil dulzuras,
que paraban después en degollarme.                              15

Yo no escribo, Señor, delicaduras;
escríbalas quien es más delicado;
yo soy loco y me agrado de locuras.

Ya no pretendo más ser laureado;
antes por solo el nombre tomaría                                20
de andarme sin bonete y trasquilado.

Pasáis, Señor, por la desgracia mía,
como vino entre burlas a mudarse
el nombre de que tanto yo huía.

Vaya fuera Satán; no ha de tratarse                             25
cosa sin lauro aquí, como taberna;
que en todo ha de meterse y demostrarse.

Tornado, pues, Señor, a la moderna
manera de vivir, digo que estamos
como le place a aquel que nos gobierna.                         30

Paz y salud hay más que deseamos,
mil cosas que comprar, pocos dineros,
aunque tantos, que basta que vivamos.

Las damas, al amor, los caballeros,
andan hecho tasajos; yo me río,                    35
que si yo no lo soy, son majaderos.

Anda, Señor, tan flaco Juan del Río,
que es una compasión, porque su dama
ha apostado con él cuál es más frío.

No viene a la ciudad, y de esta trama            40
temo no ha de quedar al tristecillo
más de una sola voz con que le llama.

Baste del galán flaco y amarillo
lo dicho; de otro gordo y rubicundo
diré, que os holgaréis vos más de oíllo.         45

Don Manuel va sin luto y tan jocundo,
que sólo es el galán de los galanes.
¿Queréis que diga más? Que triunfa el mundo.

El premio no sé yo de sus afanes
cuál es más; sé os decir que muestra el juego 50
por ganado en las muestras y ademanes.

Diréis que yo no veo y que estoy ciego;
que no puedo dar fe; mas yo me atengo
a que no sale luz donde no hay fuego.

Don Jorge, harto más ancho que luengo,           55
espera con deseo la camarada; *
yo con las esperanzas lo entretengo.

Va el cuitado a palacio, y no se agrada
de cosa que en él vea, ausente aquella
luz que ni se la da ni le da nada.               60

Ella está en su lugar, y está con ella
la bella camarada, por mostrarse
entre tanta beldad tanto más bella.

Don Antonio ha dejado de quejarse;
después que os fuisteis vos no pierde punto, 65

si la dama no viene a importunarse.

Gonzalo Girón va medio difunto;
que su dama no sale ni se muestra,
y no por culpa de él según barrunto.

Está el triste de cosa tan siniestra          70
harto más corcovado que solía;
fortuna lo enderece, que es maestra.

Aquel embajador que no se vía,
salió ayer a volar con pluma nueva,
y la que lo peló sigue su vía.                75

Ludovica se ha puesto en hacer prueba
si se puede afeitar más que su ama,
y no hay de quien tal yerro la remueva.

Suspira por el príncipe y lo llama;
dice que era su bien, y yo lo creo;           80
mas no caerá, de amor, doliente en cama.

Olvidado me había un gran torneo
que una noche hicimos en palacio,
por cumplir de una dama un mal deseo.

Fue muy pobre de galas y muy lacio;           85
armados mucho bien, muy mal vestidos;
combatióse muy bien, aunque despacio.

Todos nuestros amigos conocidos
torneamos, y veinte italianos,
que fueron de nosotros escogidos.             90

Andanse aparejando entre las manos
estas Carnestolendas grandes fiestas.
¡Ved qué alivio de pobres cortesanos!

Espérannos, Señor, las mesas puestas,
como suelen decir, por que en llegando        95

toméis de ellas el gasto a vuestras cuestas,

Entretanto que yo voy adivinando
que estáis en esa tierra ya de asiento,
y que la nuestra acá vais olvidando.

Y es harto indicio de esto, a lo que siento,    100
no escribir ni acordaros, a lo menos,
de hacer con alguno un cumplimiento.

Todos vuestros caballos están buenos;
vuestras bestias de casa se pasean,
sin vos, por estas calles, como ajenos.    105

Algunas damas sé yo que os desean
bien que por varios casos todavía;
venid, si no por ver, para que os vean.

El dibujo que aquél darme debía
del moderno castillo de Plasencia    110
para enviar a vuestra señoría,

no me ha dado; mas jura en su conciencia
que el principio está hecho y no acabado,
por habello estorbado la excelencia.

No os quejaréis, Señor, que no os he dado    115
particular aviso de mil cosas,
y en estilo más fácil que el pasado.

Vuestras armas están lo más hermosas
que se pueden pintar, y yo no quiero
pintaros con palabras enfadosas    120
lo que sabéis de mí, del día primero.

## MADRIGAL 1

Ojos claros, serenos,*
si de un dulce mirar sois alabados,

¿por qué, si me miráis, miráis airados?
si cuanto más piadosos,
más bellos parecéis a aquel que os mira,     5
no me miréis con ira,
porque no parezcáis menos hermosos.
¡Ay, tormentos rabiosos!
ojos claros, serenos,
ya que así me miráis, miradme al menos.     10


## MADRIGAL 2

Cubrir los bellos ojos
con la mano que ya me tiene muerto,
cautela fue por cierto;
que así doblar pensastes mis enojos
Pero de tal cautela     5
harto mayor ha sido el bien que el daño;
que el resplandor extraño
del sol se puede ver mientras se cela.
Así que aunque pensastes
cubrir vuestra beldad, única, inmensa,     10
yo os perdono la ofensa,
pues, cubiertos, mejor verlos dejastes.


## MADRIGAL 3

No miréis más, señora,
con tan grande atención esa figura,
no os mate vuestra propia hermosura.
Huid, dama, la prueba
de lo que puede en vos la beldad vuestra.     5
Y no haga la nuestra
venganza de mi mal piadosa y nueva.
El triste caso os mueva
del mozo convertido entre las flores
en flor, * muerto de amor de sus amores.     10

# HERNANDO DE ACUÑA

### A su majestad

Invictísimo César cuyo nombre
el del antiguo Carlo ha renovado,
al sonido del cual tiemble y se asombre
la tierra, el mar, y todo lo criado:
En quien Roma su imperio y gran renombre          5
conoce más que nunca sublimado,
y do el dichoso siglo que os alcanza
pone primera y última esperanza.

Vos pues señor en cuya fortaleza
el nombre se sustenta y ser cristiano,          10
y en el supremo grado de grandeza
tenéis siempre delante el ser humano;
si del don bajo suple la bajeza
un puro corazón sincero y sano,
de él aceptad esta señal presente,          15
como César humano humanamente.

### Soneto 1

Huir procuro el encarecimiento,
no quiero que en mis versos haya engaño
sino que muestren mi dolor tamaño,
cual le siente en efecto el sentimiento:

Que mostrándole tal cual yo le siento      5
será tan nuevo al mundo y tan extraño,
que la memoria sola de mi daño
a muchos pondrá aviso y escarmiento:

Así leyendo, o siéndoles contadas
mis pasiones podrán luego apartarse      10
de seguir el error de mis pisadas;

y a más seguro puerto enderezarse,
do puedan con sus naves despalmadas
en la tormenta de este mar salvarse.

## Soneto 2

Como vemos que un río mansamente,
por do no halla estorbo sin sonido,
sigue su natural curso seguido
tal que aun a penas murmurar se siente:

Pero si topa algún inconveniente      5
rompe con fuerza, y pasa con ruido,
tanto que de muy lejos es sentido,
el alto, y gran rumor de la corriente:

Por sosegado curso semejante
fueron un tiempo mis alegres días,      10
sin que queja, o pasión de mí se oyese:

Mas como se me puso amor delante
la gran corriente de las ansias mías,
fue fuerza que en el mundo se sintiese.

## SONETO 3

### En prisión de franceses

Con el poderos ver señora mía
me sustentaba sin usar de otra arte,
cuando en segura y reposada parte
fortuna tanto bien me concedía:

Así después que por contraria vía          5
volvió su rueda, y con el fiero Marte,
sin que cese su furia ni se aparte
de mí los dos me dañan a porfía:

Ni su poder, ni la prisión francesa,
do por nuevo camino me han traído,        10
privaran de su bien mi pensamiento;

con que no sólo ningún mal me pesa,
mas aun señora viéndome perdido
conozco que lo estoy, y no lo siento.


## SONETO 4

### A la soledad

Pues se conforma nuestra compañía,
no dejes soledad de acompañarme,
que al punto que viniese a faltarme,
muy mayor soledad padecería:

Tú haces ocupar mi fantasía              5
sólo en el bien que basta a contentarme,
y no es parte sin ti para alegrarme
con todo su placer el alegría:

Contigo partiré, si no me dejas,
los altos bienes de mi pensamiento,      10
que me escapan de manos de la muerte:

241

Y no te daré parte de mis quejas,
ni del cuidado, ni de mi tormento,
ni darte la osaré por no perderte.

SONETO 5

Cantad pastores este alegre día,
porque en las selvas memorable sea,
y pues tan altamente aquí se emplea
de amor se canten versos a porfía:

Que hoy hinche nuestros campos de alegría
con su vista la bella Galatea,
hoy huye en parte do jamás se vea
la gran tristeza que sin ella había:

Así dijo Damón, * y los pastores,
al son de sus zampoñas comenzaron,                    10
a alabar aquel día tan venturoso;

las ninfas del Tesín,* llenas de flores,
con süave concento acompañaron
el canto pastoral, dulce y sabroso.

SONETO 6

De la alta torre al mar Hero miraba,*
al mar que siempre más se embravecía,
y esperando a Leandro se temía,
mas siempre con temerse le esperaba:

Cuando la tempestad ya le acababa                     5
de su vida la lumbre y de su guía,
y el cuerpo sin el alma a dar venía,
do el alma con el cuerpo deseaba:

Esclareciendo en esto la triste Hero
vio muerto a su Leandro en la ribera                    10
del viento y de las ondas arrojado;
y dejóse venir sobre él diciendo,
alma pues otro bien ya no se espera,
éste al menos te será otorgado.


### SONETO 7

#### *El Viernes Santo al Alma*

Alma, pues, hoy el que formó la vida,*
y el que tiene poder sobre la muerte,
sólo por remediar tu eterna muerte,
dio el precio inestimable de su vida:

Mira que es justo, que en ti tengan vida          5
los méritos y pasos de su muerte,
y conoce que es viento, sombra, o muerte,
cuanto el error del mundo llama vida

y así podrás, saliendo de esta muerte,
entrar en posesión de aquella vida,                    10
que no la acabará tiempo, ni muerte:

Endereza el camino a mejor vida,
deja el siniestro que te lleva a muerte,
que el derecho es más llano, y va a la vida.


### SONETO 8

#### *Al Rey Nuestro Señor*

Ya se acerca señor, o es ya llegada
la edad gloriosa, en que promete el cielo
una grey, y un pastor, solo en el suelo,
por suerte a vuestros tiempos reservada.

Ya tan alto principio en tal jornada 5
os muestra el fin de vuestro santo celo,
y anuncia al mundo para más consuelo
un Monarca, un Imperio, y una Espada:

Ya el orbe de la tierra siente en parte,
y espera en todo vuestra monarquía, 10
conquistada por vos en justa guerra:

Que a quien ha dado Cristo su estandarte,
dará el segundo más dichoso día
en que vencido el mar, venza la tierra.

SONETO 9

Jamás pudo quitarme el fiero Marte
por más que en su ejercicio me ha ocupado,
que en medio de su furia no haya dado
a Apolo de mi tiempo alguna parte:

Pero quiero Labinio * ahora avisarte, 5
que ya me tiene ausencia en un estado,
do casi yerran el discurso usado,
mi estilo, mi razón, mi ingenio, y arte:

Lo que en mí fue cantar, silencio sea,
y canten los que esperan de su canto, 10
que el amor baste a mejorar su suerte:

A mí me quede solo el triste llanto,
pues muero no mirando a Galatea,
y el podella mirar también es muerte.

## SONETO 10

### *Ícaro* *

Con Ícaro de Creta se escapaba
Dédalo, y ya las alas extendía,
v al hijo que volando le seguía
con amor paternal le amonestaba:

Que si el vuelo más alto levantaba,　　　　5
la cera con el sol se desharía,
y en el mismo peligro le pondría
el agua, y su vapor si más bajaba:

Mas el soberbio mozo y poco experto,
enderezóse luego al alto cielo,　　　　10
y ablandada la cera en el altura

perdió las alas, y en aire muerto
recibiéndole el mar del alto vuelo,
por el nombre le dio la sepultura.


### OTRAS POESÍAS

Zagala di que harás *
cuando me verás partido,
Carillo quererte más,
que en mi vida te he querido.

Dime pues fortuna ordena　　　　5
mi pasión y mi partida,
si será de ti sentida
parte alguna de mi pena:
O sino siendo partido,
Zagala di que harás,　　　　10
Carillo quererte más,
que en mi vida te he querido.

245

O si viéndome yo ausente
de estos campos y ribera
te fuese siempre (cual era)                    15
mi pena y amor presente:
Mas temo que con ser ido
de esto te disculparás,
no, sino quererte he más,
que en mi vida te he querido.                  20


Fortuna tendrá poder
para apartarme de verte,
pero del bien de quererte
jamás lo podrá hacer:                          25
Mas tú viéndome partido
Zagala qué sentirás,
Carillo quererte más,
que en mi vida te he querido.


Dóblame el dolor que siento                    30
de verme aparte de ti,
el pensar que sólo en mí
se halla este sentimiento:
Y que de verme partido
por ventura holgarás,                          35
no, sino quererte he más,
que en mi vida te he querido.


Como estará asegurado
de tanto bien en ausencia,
el que muriendo en presencia                   40
temió de ser olvidado:
Temo que en siendo partido
por muerto me juzgarás,
no, sino quererte he más,
que en mi vida te he querido.                  45


Mira, que es grave el dolor,
que me causa esta mudanza,
y que a débil esperanza

siempre la vence el temor:
Y (siendo así) de tu olvido,                    50
qué seguridad me das?
Carillo quererte más,
que en mi vida te he querido.

*enviadas a su mujer*

No sé por qué culpa, o yerro,
señora me desterraron,
mas sé que me condenaron
más a muerte que a destierro
cuando de vos me apartaron:                     5
Que en ser de vos apartado,
mi temor y mi cuidado,
mi tristeza y mi pasión,
serán sin limitación,
aunque el tiempo es limitado.                   10

No me puede el tiempo dar
alivio con limitarse,
pues el mal que ha de pasarse,
puede también acabar
la vida como acabarse:                          15
Ni sin vos podré tener,
sino siempre que temer,
entretanto que no os viene;
porque aunque veros espere,
en fin esperar no es ver.                       20

Bien sé que algunos dijeron,
que nuestra imaginación
hace caso, y lo escribieron;
mas no entiendo en qué razón
se fundan, si lo creyeron:                       25
Pues (si pudiera traeros
a mis ojos el quereros

247

con el siempre imaginaros)
ni me faltara el miraros,
ni me matara el no veros.                               30

Verdad, es, que en esta ausencia
(puesto que el alma suspira)
siempre os tiene en su presencia,
y los ojos con que os mira
son de mayor excelencia:                                35
Porque os miran siendo ausente
tan firme y seguramente,
que de poderos mirar
jamás los podrá apartar
ausencia, ni otro accidente.                            40

Mas los míos que os miraban,
y mirando os conocían
el regalo en que vivían,
el bien que en veros gozaban,
y el que partiendo perdían:                             45
No tienen más que perder,
pues no veros es no ver,
sólo les queda esperar,
que volviendo os a mirar
vuelvan a cobrar su ser.                                50

Y si fuere del temor
esta esperanza vencida,
mi memoria que no olvida
defenderá del dolor
en vuestra ausencia la vida:                            55
Que aunque el continuo acordarme
no puede ni basta a darme
consuelo ni bien entero
(en falta del verdadero)
éste no puede faltarme.                                 60

Porque tan aceto ha sido
en el alma este cuidado,

que fue (en habiendo os mirado)
de mi memoria el olvido
para siempre desterrado:                                        65
La cual del bien que tenía
dio al juicio en aquel día
la parte que en él cupiese,
para que lo más creyese,
pues lo menos entendía.                                        70


Así en esto convinieron
memoria y entendimiento,
uno y otro tan contento,
que con vos sola tuvieron
cumplido contentamiento:                                       75
Y su acordar y entender
pudieron luego mover
a la voluntad que fuera
sola en esto, y la primera
cuando lo pudiera ser.                                         80


No es dudosa esta verdad,
ni flaco su fundamento,
pues os dan seguridad
memoria y entendimiento
juntos con la voluntad:                                        85
Los cuales de tal manera
se conforman en que os quiera,
que (según todos declaran)
a quereros me forzaran
si de grado no os quisiera.                                    90


Aunque no fuera el forzarme
por el usado camino
por donde solían llevarme
Amor, y mi desatino,
sin poder yo remediarme:                                       95
do si tuve algún poder,
faltóme en ello el saber,
pero sé que (aunque supiera

valerme) no lo hiciera,
ni lo quisiera hacer.                              100

Mas ya sé, ya puedo y quiero,
seguir la más sana vía,
pues (por la que antes seguía)
he visto el despeñadero
con la claridad del día:                           105
Ya me espinan los abrojos,
ya el sol alumbra mis ojos,
que estuvieron deslumbrados,
y pasaron mis cuidados,
que no fueron sino antojos.                        110

Amo ya seguramente
sin duda de ser pagado,
imagino el mal pasado,
considero el bien presente,
y así es el gusto doblado:                          115
Con aquél sentí tormento,
con éste en contentamiento
me voy siempre mejorado,
del uno quedo burlado,
y del otro más contento.                           120

Hizo amor del hielo y fuego,
suave y dulce templanza
de mi temor esperanza,
de mi cuidado sosiego,
de su tempestad bonanza:                           125
Ya (no sólo me aseguro
de amor) pero de él procuro
llegar a mayor extremo,
como quien a vela y remo,
navega su mar seguro.                              130

Y (si otro tiempo aprobaba
cosas de él, que ahora niego)
ya vio por milagro el ciego,
pues yo (de donde llegaba)

pude volver donde llego:                                      135
que es donde he descubierto
el pasado desconcierto,
y me ha dado el desengaño
de tanta fortuna y daño
seguridad en su puerto.                                       140

Vos señora sois y fuistes
de todo este bien la guía,
y el peligro en que me vía
(cuando vos me socorristes)
tal socorro convencía:                                        145
Así (en cuanto digo y hago)
soy tan corto que no os pago,
que (aunque basta y aprovecha
para estar vos satisfecha)
a mí no me satisfago.                                         150

Esto sólo os debe dar
alguna satisfacción,
que en el alma y corazón
tenéis señora el lugar,
que se os debe por razón:                                     155
Aunque (por la parte humana,
que es también sincera y sana)
pierden, y están mis sentidos
en esta ausencia perdidos
donde sola el alma gana.                                      160

Estas dos partes señora,
que el alma y sentidos fueron
(aunque siempre difirieron)
en quereros, nunca una hora
discordes jamás se vieron:                                    165
Y (si estarlo parecía
sobre cuál más os quería)
quedaban (hecha su cuenta)
cada cual de ellas contenta
con el bien que le cabía.                                     170

Mas las dos han ya venido
en caso tan desigual,
que tiene la principal
el bien que siempre ha tenido,
y la otra sólo el mal:                               175
Porque el destierro y ausencia,
no quitan su preeminencia
de veros a la mayor,
y hay de vos a la menor
mil leguas de diferencia.                            180

Y así me aparta el remedio
fortuna, que me destierra
de la paz a tanta guerra,
de mi vista tenga en medio
tanta distancia de tierra:                           185
que aunque el tiempo da y consiente
esperanzas al doliente,
hace el temor no sentir
(del bien que está por venir)
alivio en el mal presente.                           190

Y aunque es alguno pensar
en volvieron presto a ver,
he ya llegado a saber,
que no es fuerza el esperar
cuanto desmaya el temer:                             195
Y en ausencia este consuelo
llega helado más que el hielo,
y deshácese en una hora,
que en este estado (señora)
mucho más puede el recelo.                           200

Y así parte tan caída
nunca mejora, aunque espere,
que (si el bien se le difiere)
resiste poco la vida
a mal que tan recio hiere:                           205
Mas haga el cielo que os vea
quien tanto veros desea,

pues sin esto no hay consuelo,
ni sin vos en este suelo
para mi bien que lo sea.                                    210

Vuele el tiempo como puede,
y con tal fuerza lo haga,
que en esto me satisfaga,
pues de su tardar procede
todo el dolor de la llaga:                                  215
Porque estos ojos y oídos
(privados y distraídos
de todo el bien que desean)
hasta que os oigan y vean
no se llamarán sentidos.                                    220


## ELEGÍA

### A una partida

Si el dolor de la muerte es tan crecido,
que pueda compararse al que yo siento,
duélase el que nació de ser nacido.

Mas nunca pudo muerte al más contento
parecerle jamás tan cruda y fiera,                          5
que iguale a mi dolor su sentimiento.

Muerte puede hacer que el cuerpo muera,
mas cuando el amador de su bien parte
el alma se divide que era entera.

Antes la más perfecta y mejor parte,                        10
es la que en el poder ajeno queda,
que con su propia mano amor la parte.

Pues ved como de vos partirme pueda
que sois parte mayor del alma mía
sin que el dolor al morir preceda.                          15

Ya se me representa el triste día
tan lleno de tiniebla, horror y espanto,
cuan ajeno de luz y de alegría.

Y pues de ahora se comienza el llanto
ved qué será en efecto la partida,                    20
si sólo el esperalla duele tanto?

Será gran bien en pena tan crecida,
que (pues partiendo de mi bien me alejo)
antes que parta el pie parta la vida.

Mas el injusto amor (de quien me quejo)              25
permite para daño más notable,
que deje (sin morir) el bien que dejo.

O fortuna envidiosa y variable,
que a penas vi mi bien, ya desparece,
tanto te precias de tu ser mudable.                  30

Aun bien no amaneció cuando anochece,
que en el bien que he tenido, ser primero
su fin que su principio me parece.

Mas mi sustentamiento verdadero,
partiéndome de vos (por quien vivía)                 35
es la esperanza de volver do espero.

Ni aunque me vaya donde nace el día
tendrá el sol rayo tan resplandeciente,
que alumbre en su tiniebla el alma mía.

Otra Alba han menester, otro Oriente,                40
mis ojos, que sin vos hallan oscuro
del cielo el resplandor más excelente.

Y el bien que más deseo, y más procuro,
casi me ofende, que es dejarme veros,
visto a lo que partiendo me aventuro.                45

Y amenazarme amor con el perderos,
aunque mi corazón no lo consiente,
que de esto se asegura con quereros.

Pero señora quien os ve presente,
qué corazón tendrá para acordarse,                50
que de estos ojos se ha de ver ausente?

Y para ver la triste hora llegarse
en que los míos hayan de partirse
del bien de que no saben apartarse.

Si la pasión que de esto ha de sentirse           55
es cierto que ha de ser conforme al daño,
harto se manifiesta sin decirse.

No digo la que siento en el engaño
de ser mi voluntad desconocida,
que éste es otro dolor nuevo y extraño.           60

Ver que cosa de vos ya tan sabida
no queráis por su nombre confesalla,
por no la agradecer siendo creída.

Que aunque jamás yo supe declaralla
sé, que de vos por un igual se entiende,           65
esto que digo, y lo que el alma calla.

Mas lo que en mi partida ella pretende,
y en pago de su fe por ella os pido,
si el pedillo señora no os ofende.

Es sólo, que a un querer tan conocido              70
le deis su nombre, y que no sea pagado
el jamás olvidaros con olvido,
ni con ese descuido mi cuidado.

## GLOSA

Si mi fue tornase a es
sin esperar más será,
o si fuese el tiempo ya
de lo que será después.

Tres cosas pensando está                    5
mi alma continuamente:
el bien que se pasó ya,
el mal que tiene presente,
temor de lo que vendrá.
Y nace de todas tres,                       10
de presente y de pasado,
de lo que ha de ser después,
un deseo deseado:
si mi fue tornase a es.

Estoyme pensando en ello                    15
y en todas las cosas hallo
que no es bien poseello,
sino poder alcanzallo
sin recelo de perdello.
Toda la grandeza está,                      20
de ser un bien confirmado
en verlo y gozarlo ya,
siempre firme en un estado
sin esperar más será.

Como sea el esperar    25
mayor mal que el padecer,
siempre el falso imaginar
me da pintado el placer
por darme vivo el pesar.
Contemplo yo que será    30
posible lo que imagino,
y en esto el deseo está
diciéndome de continuo:
¡oh si fuera el tiempo ya!

Y es peor, que no conviene    35
que con esto se entretenga
quien, por más y más que espere,
no puede ser que le venga
tanto mal como el que tiene.
Ved mi seso qué tal es,    40
que, viéndome ya en estado
de dar la vida al través,
estoy puesto en gran cuidado
de lo que será después.


### CANCIÓN 1

Señora, vuestros cabellos *
de oro son,
y de acero el corazón
que no se muere por ellos.

No son de oro, que no es el    5
oro de tanto valor;
porque no hay cosa mejor,
los comparamos con él.
Yo digo, que el oro es de ellos
y ellos son    10
tesoros del corazón,
que siempre contempla en ellos.

Son de lumbre, son de cielo,
son de sol, y más si hay más
a donde suba el compás                          15
los más preciosos del suelo.

No hay que comparar con ellos,
de oro son,
y de acero el corazón
que no se muere por ellos.                       20

Vuestros cabellos, señora,
son de oro para mí,
que cada uno por sí
me enriquece y me enamora.
Las almas ponéis en ellos                        25
en prisión,
y es de acero el corazón
que no se muere por ellos.


## CANCIÓN 2

Mis ojos, ¿qué miráis?
aqueste es el lugar donde os prendistes
¿de qué os maravilláis?
si aquí la luz perdistes
que no volváis a ver el bien que vistes?         5

Aquí mi sol estaba,
aquí resplandecía mi cara estrella,
que tanto os agradaba
el ser ciego por ella,
que no hay para que sea el ver sin ella.         10

¡Oh fin de mi deseo!
por ti se le convierte al alma mía,
en ver que no te veo
en pena, el alegría,
y en noche tenebrosa, el claro día.              15

Al vivo trasladada
estás en mi memoria eternamente
y cuando más sellada
te halla y más presente
te llora el corazón por más ausente.　　　　20

Si en tu presencia entiendo,
mirándote morir, yo por más verte,
ahora no te viendo,
¿qué tal será mi suerte?
Peor, si puede ser, peor que muerte.　　　　25

¡Ay mi dulce pastora!
aquí donde esperé, aquí desespero,
aquí padezco ahora,
donde gocé primero,
aquí tuve la vida y aquí muero.　　　　30

Y no se me concede
pensar que haya remedio que repugna,
que a tanto mal no puede
hallar salida alguna
el tiempo, ni el amor, ni la fortuna.　　　　35


## SONETO 1

Si mi vida pudiese defenderse
tanto de sus tormentos y sus daños
que, por virtud de sus postreros años,
vea vuestra hermosura oscurecerse,

y los cabellos de oro plata hacerse,　　　　5
y dejar la guirnalda y ricos paños,
las galas y los trajes —tan extraños
que hacen mi afición más encenderse—:

allí me dará amor atrevimiento
para poder decille mi cuidado,　　　　10
los años, meses, días y el momento.

260

El tiempo contrario es a tal estado;
mas tanto no que, para mi contento
no llegue algún suspiro, aunque cansado.


## Soneto 2

Señora, no hay más gloria que miraros
ni mayor bien que ver después de veros,
ni otro más alto estado que quereros,
ni más que contemplar que contemplaros.

Cuando natura quiso fabricaros,                    5
la suma recogió para haceros;
de allí quitó natura el mereceros
y puso en su lugar el desearos.

De suerte, hermosísima señora,
que pensar mereceros es locura,                    10
y mayor la será del que no os quiere.

Dichosa el alma mía que os adora;
que si el deseo alcanza tal ventura,
mayor la alcanzará quien por vos muere.


## Soneto 3

El alma que os contempla y mover quiere
la mano en vuestro loor, con bronca pluma
principio da a escribir y todo es suma
lo que aun en largo estilo decir puede.

Cuanto escribe es principio y no procede          5
que al medio nunca llega de tal suma;
al extremo llegar jamás presuma,
que en la primera cosa no se quede.

Injuria me parece no loaros,
decir en vuestro loor no hay quien se atreva 10
pues ha de ser notado de muy loco:

mejor será en el alma contemplaros,
siendo el mal do el buen decir se anega,
y en vos mucho decir es decir poco.


## SONETO 4

Del cielo descendió vuestra figura
o sólo para el cielo fue criada:
no hay cosa acá en la tierra comparada
a tanta discreción y hermosura.

La mano poderosa en tal pintura 5
vuestra lindeza obró sin fallar nada:
con esta preeminencia señalada
responde al que la hizo la hechura.

En vuestra perfección, en vuestro gesto
comienza el amor toda la gloria 10
y acaba en contemplaros su alegría.

Allí me tiene a mí con todo el resto
mi salud y mi vida y mi victoria,
el ser y todo el bien del alma mía.


## SONETO 5

Aquel que sin moverse manda y mueve
la máquina del cielo artificiosa,
aquel a quien sería fácil cosa
hacer helar el sol y arder la nieve,

aquel que a su querer serena y llueve 5
y en todo tiene mano poderosa,
el que con siempre obrar, siempre reposa,
y paga sin deber a quien le debe.

Con su poder, aquel mis pasos mueva
y el bravo ardor en mí resfríe del todo     10
v en fuego vuelva de mi alma el hielo

y en mis ojos así serene y llueva:
que, obrando con descanso y a su modo,
me pague lo que debo con su cielo.


## SONETO 6

Reclínate en el tálamo precioso
¡oh alma!, si el divino amor te toca,
darásle con el beso de tu boca
el beso que demanda el dulce esposo.

No dejes anegar el amoroso                   5
fuego que el vano amor gasta y apoca
y no serás como la virgen loca
privada del consuelo glorioso.

El águila caudal que para vella
te dio vida de fe y cielo sereno            10
y al pecho por su hija te ha admitido,

que no vea con tu falta enflaquecella
que no puedas mirar al sol de lleno
y te eche como ajena de su nido.

# GASPAR GIL POLO

## Soneto 1

No es ciego Amor, mas yo lo soy, que guío
mi voluntad camino del tormento,
no es niño Amor, mas yo que en un momento
esperò y tengo miedo, lloro y río.

Nombrar llamas de Amor es desvarío,          5
su fuego es el ardiente y vivo intento,
sus alas son mi altivo pensamiento
y la esperanza vana en que me fío.

No tiene Amor cadenas, ni saetas,
para prender y herir libres y sanos          10
que en él no hay más poder del que le damos.

Porque es Amor mentira de poetas,
sueño de locos, ídolo de vanos:
mirad qué negro Dios el que adoramos.

## Soneto 2

Arenoso, desierto y seco prado,
tú, que escuchaste el son de mi lamento,
hinchado mar, mudable y fiero viento,
con mis suspiros tristes alterado.

Duro peñasco, en do escrito y pintado      5
perpetuamente queda mi tormento,
dad cierta relación de lo que siento,
pues que Marcelio sola me ha dejado.*

Llevó mi hermana, a mí puso en olvido,
y pues su fe, su vela y mi esperanza      10
al viento encomendó, sedme testigos:

que más no quiero amar hombre nacido,
por no entrar en un mar do no hay bonanza,
ni pelear con tantos enemigos.


## SONETO 3

Probaron en el campo su destreza
Diana,* Amor y la pastora mía,
flechas tirando a un árbol, que tenía
pintado un corazón en la corteza.

Allí apostó Diana su belleza,      5
su arco, Amor, su libertad Argía,*
la cual mostró en tirar más gallardía,
mejor tino, denuedo y gentileza.

Y así ganó a Diana la hermosura,
las armas a Cupido,* y ha quedado
tan bella y tan cruel de esta victoria,

que a mis cansados ojos su figura,
y el arco fiero al corazón cuitado
quitó la libertad, la vida y gloria.

## Canción de Nerea *

En el campo venturoso,
donde con clara corriente
Guadalaviar hermoso,
dejando el suelo abundoso,
da tributo al mar potente.                    5

Galatea * desdeñosa,
del dolor que a Lycio * daña
iba alegre y bulliciosa
por la ribera arenosa,
que el mar con sus ondas baña.                10

Entre la arena cogiendo
conchas y piedras pintadas,
muchos cantares diciendo,
con el son del ronco estruendo
de las ondas alteradas,                       15

junto al agua se ponía,
v las ondas aguardaba,
y en verlas llegar huía,
pero a veces no podía
v el blanco pie se mojaba.                     20

Lycio, al cual en sufrimiento
amador ninguno iguala,
suspendió allí su tormento
mientras miraba el contento
de su pulida zagala.                          25

Mas cotejando su mal
con el gozo que ella había,
el fatigado zagal
con voz amarga y mortal
de esta manera decía:                         30

Ninfa hermosa, no te vea
jugar con el mar horrendo,
y aunque más placer te sea,
huye del mar, Galatea,
como estás de Lycio huyendo.                    35

Deja ahora de jugar,
que me es dolor importuno;
no me hagas más penar,
que en verte cerca del mar
tengo celos de Neptuno.                          40

Causa mi triste cuidado,
que a mi pensamiento crea,
porque ya está averiguado
que si no es tu enamorado
lo será cuando te vea.                           45

Y está cierto, porque Amor
sabe, desde que me hirió,
que para pena mayor
me falta un competidor
más poderoso que yo.                             50

Deja la seca ribera
do está el alga infructuosa,
guarda que no salga afuera
alguna marina fiera
enroscada y escamosa.                            55

Huye ya, y mira que siento
por ti dolores sobrados,
porque con doble tormento
celos me da tu contento
y tu peligro cuidados.                           60

En verte regocijada
celos me hacen acordar
de Europa * Ninfa preciada,
del toro blanco engañada
en la ribera del mar.                            65

Y el ordinario cuidado
hace que piense contino
de aquel desdeñoso alnado
orilla el mar arrastrado,
visto aquel monstruo marino.                    70

Mas no veo en ti temor
de congoja y pena tanta;
que bien sé por mi dolor,
que a quien no teme al Amor,
ningún peligro lo espanta.                       75

Guarte, pues, de un gran cuidado
que el vengativo Cupido
viéndose menospreciado,
lo que no hace de grado
suele hacerlo de ofendido.                       80

Ven conmigo al bosque ameno,
y al apacible sombrío
de olorosas flores lleno,
do en el día más sereno
no es enojoso el estío.                          85

Si el agua te es placentera,
hay allí fuente tan bella,
que para ser la primera
entre todas, sólo espera
que tú te laves en ella.                         90

En aqueste raso suelo
a guardar tu hermosa cara
no basta sombrero o velo;
que estando al abierto cielo,
el sol morena te para.                           95

No escuchas dulces concentos,
sino el espantoso estruendo,
con que los bravosos vientos
con soberbios movimientos
van las aguas revolviendo.                       100

Y tras la fortuna fiera
son las vistas más süaves
ver llegar a la ribera
la destrozada madera
de las anegadas naves.                    105

Ven a la dulce floresta,
do natura no fue escasa,
donde haciendo alegre fiesta,
la más calurosa siesta
con más deleite se pasa.                  110

Huye los soberbios mares,
ven, verás como cantamos
tan deleitosos cantares
que los más duros pesares
suspendemos y engañamos.                  115

Y aunque quien pasa dolores,
Amor le fuerza a cantarlos,
yo haré que los pastores
no digan cantos de amores,
porque huelgues de escucharlos.           120

Allí, por bosques y prados,
podrás leer todas horas,
en mil robles señalados,
los nombres más celebrados
de las ninfas y pastoras.        .        125

Mas seráte cosa triste
ver tu nombre allí pintado,
en saber que escrita fuiste
por el que siempre tuviste
de tu memoria borrado.                    130

Y aunque mucho estás airada,
no creo yo que te asombre
tanto el verte allí pintada,
como el ver que eres amada
del que allí escribió tu nombre.          135

No ser querida y amar
fuera triste desplacer,
mas ¿qué tormento o pesar
te puede, ninfa, causar
ser querida y no querer?                               140

Mas desprecia cuanto quieras
a tu pastor, Galatea,
sólo que en esas riberas
cerca de las ondas fieras
con mis ojos no te vea.                                145

¿Qué pasatiempo mejor
orilla el mar puede hallarse
que escuchar el ruiseñor,
coger la olorosa flor
y en clara fuente lavarse?                             150

Plugiera a Dios que gozaras
de nuestro campo y ribera,
y porque más lo preciaras,
ojalá tú lo probaras,
antes que yo lo dijera.                                155

Porque cuanto alabo aquí,
de su crédito le quito,
pues el contentarme a mí,
bastará para que a ti,
no te venga en apetito.                                160

Lycio mucho más le hablara,
y tenía más que hablalle,
si ella no se lo estorbara,
que con desdeñosa cara
al triste dice que calle.                              165

Volvió a sus juegos la fiera,
y a sus llantos el pastor,
y de la misma manera
ella queda en la ribera
y él en su mismo dolor.                                170

Morir debiera sin verte,*
hermosísima pastora,
pues que osé tan sola un hora
estar vivo y no quererte.

De un dichoso amor gozara,                              5
dejado el tormento aparte,
si en acordarme de amarte
de mi olvido me olvidara.

Que de morirme y perderte
tengo recelo, pastora,                                 10
pues que osé tan sola un hora
estar vivo y no quererte.

## Soneto 1

Cuando los ojos del mejor sentido,
que llevaban tras sí vanos cuidados,
de sus caminos ásperos y errados
a mirarme acá dentro he recogido;

La vergüenza del tiempo, a que he venido,     5
derrama sobre mí ciegos nublados
de confusión y de dolor mezclados,
y lo más de mi ser deja escondido:

Mas cuando más esta tiniebla encubre
de mí la mayor luz, en ella leo               10
el amargo proceso de mis daños:

Allí se mira el alma, allí descubre
sus ponzoñosas llagas, allí veo
las horas breves de mis tristes años.

## Soneto 2

Ocio manso del alma, sosegado
sueño, fin del pesar triste enojoso,
liberal de esperanzas, poderoso
de limpiar la amargura del cuidado;

si alguna vez a mi dolor has dado                    5
nueva ocasión turbando mi reposo
con visión falsa, en este venturoso
punto de cualquier mal quedo pagado:

Sueño dulce y sabroso, que has rompido
la dureza que amor y mi fe pura                     10
nunca ablandó, ni mi dolor tan largo;

si me vienes a ver, cual has venido
de otro sueño tan dulce, la dulzura,
dulce hará cualquier pasado amargo.


## SONETO 3

### A la muerte
### de Garcilaso de la Vega
### El Mozo

*(En la guerra, como también lo fue la de su
padre Garcilaso el gran Poeta)*

¡Oh del árbol más alto y más hermoso,
que produjo jamás fértil terreno,
tierno pimpollo, ya de flores lleno,
y a par de otra cualquier planta glorioso!

El mismo viento airado y tempestuoso          5
que tu tronco tan lejos del ameno
patrio Tajo arrancó, por prado ajeno
te deshojó con soplo presuroso:

Y una misma también piadosa mano
os traspasó en el cielo, a do las flores          10
de ambos han producido eterno fruto:

no os llore como suele el mundo en vano,
mas conságreos altar, ofrezca olores
con voz alegre y con semblante enjuto.

## SONETO 4

Alma real, milagro de natura,
honor y gloria de la edad presente,
nido de amor, en cuya vista siente
el fuego, que a sus súbditos procura:

Si en sólo retratar vuestra figura     5
se deslumbra el pintor más excelente,
es porque amor de celos no consiente,
que se enajene aun sola pintura.

Ni es bien que imagen tan divina sea
sino de amor, ni que se pinte, o escriba     10
en tabla, o lienzo en quien el tiempo puede:

En las almas se escriba, allí se lea,
y allí después de muchos siglos quede,
cual es ahora, tan perfecta y viva.

## SONETO 5

Como acaece a aquél, que luengamente
por frío, o por calor demasiado,
el mal regido cuerpo destemplado,
o por más grave mal tuvo doliente;

aunque cese después el accidente,     5
que justa causa de temor le ha dado,
le deja tal, que del dolor pasado
da bien señales la amarilla frente:

De esta arte en mí, que al temeroso y duro
paso me puso cerca la herida,     10
que apenas hay quien excusarla pueda:

Aunque ella esté cerrada, y yo seguro
de más dolor; por el pasado queda
del flaco rostro la color perdida.

## SONETO 6

Bien pudiste llevar, rabioso viento,
mis esperanzas donde se han perdido,
y deshacer con soplo airado el nido
de mi dulce amoroso pensamiento.

Bien derribaste desde su cimiento                5
las altas torres donde había subido;
y ahogaste en las aguas del olvido
mi bien, mi gloria, mi mayor contento.

¿Pues por qué no raerás de mi memoria
las amargas dulzuras de esperanza,              10
con quien cebó mis inocentes años?

Que ya del alma el árbol de victoria,
que plantó amor, cortaron desengaños,
desdén, ausencia, tiempo, edad, mudanza.


## SONETO 7

Bien te miro correr, tiempo ligero,
cual por mar llano despalmada nave,
antes volar como saeta, o ave,
que pasan sin dejar rastro, o sendero.

Yo dormido en mis daños persevero,              5
tinto de manchas y de culpas grave;
y siendo fuerza que me alivie y lave,
llanto y dolor aguardo el día postrero:

Este no sé cuando vendrá; confío
que ha de tardar; y es ya quizá llegado,        10
y antes será pasado, que creído:

Señor, tu soplo aliente al albedrío:
Despierte al alma: al corazón manchado
limpie; y ablande el pecho endurecido.

Blancas y hermosas manos, que colgado
tenéis de cada dedo mi sentido; *
hermoso y bello cuerpo, que escondido
tenéis a todo el bien de mi cuidado;

divino y dulce rostro, que penado     5
tenéis mi corazón después que os vido,
¿por qué ya no borráis de vuestro olvido
al que de sí por vos vive olvidado?

Volved con buen semblante ya, señora,
aquesos ojos llenos de hermosura;     10
¡sacad esta vuestra alma a dulce puerto!

Mirad que me es mil años cada hora,
y es mengua que quien vio vuestra figura
muera ya tantas veces, siendo muerto.

## Soneto 9

### A la Santísima Cruz

Ancora celestial y de consuelo
en quien bonanza eterna y bien se encierra;
norte del mundo, cuya luz destierra
el infernal oscuro y triste velo;

bastón de paz divina, que en suelo     5
nos partió la perpetua y mortal guerra;
árbol glorioso, que llevó en la tierra
el más alto y mayor fruto del cielo;

eres tálamo, ¡oh Cruz de bondad llena!,
en quien las bodas de inmortal memoria     10
con nuestra madre Iglesia Cristo ordena,

bandera, a quien siguió nuestra victoria;
y de fiero instrumento de la pena
te hizo Dios la llave de la Gloria.


## Soneto 10

Perdido ando, señora, entre la gente *
sin vos, sin mí, sin ser, sin Dios, sin vida;
sin vos, porque no sois de mí servida;
sin mí, porque no estoy con vos presente;

sin ser, porque de vos estando ausente,
no hay cosa que del ser no me despida;
sin Dios, porque mi alma a Dios olvida
por contemplar en vos continuamente;

sin vida, porque ya que haya vivido,
cien mil veces mejor morir me fuera          10
que no un dolor tan grave y tan extraño.

¡Que preso yo por vos, por vos herido,
y muerto yo por vos de esta manera,
estéis tan descuidada de mi daño!


## Madrigal

Triste de mí que parto, mas no parto,*
que el alma, que es de mí la mejor parte,
ni partirá, ni parte,
de quien jamás el pensamiento aparto:
Si parte el cuerpo triste, el alma queda          5
gozosa, ufana y leda:
Sí; mas del alma el cuerpo parte, y temo,
(¡oh doloroso extremo!)
que en ésta de los dos triste partida,
por fuerza he de partirme de la vida.          10

278

Habiendo de partirse
un pastor de este monte y su ribera
comienza a despedirse
con voz tan lastimera,
que al áspide más duro enterneciera.                    5

Resuena de tal arte
su zampoña amorosa y caramillo,
que al belicoso Marte
de solamente oíllo
rindiera su fiereza el pastorcillo.                    10

Sus ojos hechos fuentes
muy caudalosos ríos se mostraban;
los ganados presentes
en ellos se abrevaban,
y a veces con balidos se ayudaban.                    15

«Adiós, verde ribera,
adiós, álamos verdes y sombríos,
donde la primavera
y aún en los tiempos fríos
solía yo llorar los males míos.                    20

»Adiós, mi claro Tajo,
adiós las grandes ruedas sonorosas *
consuelo del trabajo,
adiós, ninfas hermosas
de perlas coronadas y de rosas.                    25

»Adiós, la llana vega,
adiós, las huertas, prados y arboledas,
adiós, que se me niega
veros frescas y ledas
por las manos de Amor que no estén quedas. 30

»Adiós, verdes jardines,
adiós, los bosques sotos y alta tierra,

que los gloriosos fines
de mi sangrienta guerra
son desterrarme de la dulce tierra.                    35

»Adiós, selvas umbrosas,
adiós, hondos valles y campañas,
que las muy rigurosas
inexorables sañas
me arrojan a otras partes más extrañas.               40

»Adiós, pintadas aves
con vuestra alegría y ufaneza,
que los cantos süaves
me ponen más tristeza,
pues no espero ver más la alta belleza.               45

»Adiós, los edificios
donde mi gloria y bien fue encerrado,
adiós, los ejercicios
del tiempo ya pasado,
adiós, pasto sabroso a mi ganado.                     50

»Adiós, la piedra dura
que el blanco pie pisó de mi pastora
cuando tuve ventura,
si la tuve algún hora;
adiós, riscos do estáis Céfiro y Flora.*              55

»Ablanda tu dureza,
oh piedra, si has de ser mi monumento,
que es tanta la aspereza
del grave mal que siento,
que no espero vivir sólo un momento.                  60

»Si una hora yo viviere,
la culpa no será de mi deseo;
v si luego muriere,
ya mi sepulcro veo
insigne más que en Candia el de Mauseo.*              65

»Mas no lo quiere el cielo,
ni el hado lo dispone ni mi muerte;
¡oh último consuelo,
oh poderosa Muerte,
da fin a este dolor terrible y fuerte!　　　　70

»Alma pastora mía,
si a la primera jornada yo no muero,
yo mismo me daría
la muerte que yo espero,
por no ofender a tanto como os quiero.»　　75

Y así cesó su canto
que más iba a decir si más pudiera;
la vena de su llanto
la lengua detuviera,
y el no tener presente a quien quisiera.　　80


## LETRA

Señora, vuestros cabellos *
de oro son,
y de acero el corazón.


## GLOSA

Queriendo hacer el Amor
diferencia en los amores,
y que, conforme al valor
del amor, en los dolores
haya mayor y menor,　　　　　　　　　　5
cien medios pensó, y entre ellos
por el más alto escogió
que viesen todos aquellos
que a más pena condenó
señora, vuestros cabellos.　　　　　　　　10

Pero luego vio el engaño
notorio que recibía,
pues hacía mayor daño
sólo un cabello en un día
que su arco en todo un año.                    15
Y movido de ambición
de ver a todos atados,
por quitalles de opinión
dijo: «¿Qué miráis, cuitados?
de oro son.»                                   20

Y porque de la contienda
él vencido no quedase
pensando poner enmienda,
proveyó que se la atase
con gran cuidado la venda.                      25
Y cierto de la prisión
no escapara, si los viera,
aunque mayor que Sansón *
la fuerza el niño tuviera
v de acero el corazón.                          30

# IV.  GARCILASO EN PORTUGAL

# FRANCISCO DE SÁ DE MIRANDA

POESÍAS DE ARTE MENOR

## I

Señora, oíd la mi suerte
y de vuestra crueldad:
por no pediros piedad
antes la pido a la muerte.

El mi corazón caído                               5
en tanta cuita y desmayo,
pues que nunca os ha movido,
ante la muerte lo trayo;
mas no sé como concierte
tan grande desigualdad,                           10
que me hacéis pedir piedad
contra la muerte a la muerte.

## II

No preguntéis a mis males
que tales son.
Preguntadlo al corazón!

Por mis bienes preguntáis,
entiendo que por mis penas,                       5
que siempre tuve por buenas.

Vos ved como las llamáis,
que así como las nombráis,
así confieso que son
los bienes del corazón.                                    10


## Soneto 1

Yo no la entiendo bien, mas esta fuente
habla conmigo; y horas se me antoja
como de tantas quejas, que se enoja,
horas que me consuela y que las siente.

Trújome aquí un cuidado, y no consiente          5
que me vaya a otra parte y que me acoja
de los sueños en que ando, juzgue, escoja.
Ya vergüenza es tardar tan luengamente.

Gran fuerza se me ha hecho a los mis ojos,
grande al entendimiento, andando así             10
de veras ocupado en mis antojos.

No sé lo que me vi, ni que no vi,
quien puso tal sabor en mis enojos,
a pesar (que es peor) tanto de mí.


## Soneto 2

¿Quién dará a los mis ojos una fuente
de lágrimas, que manen noche y día?
Respirará siquiera esta alma mía,
llorando ora el pasado, ora el presente.

¿Quién me dará, apartado de la gente,           5
suspiros, que en la mi luenga agonía
me valgan, que el afán tanto encubría?
Siguióseme después tanto accidente!

¿Quién me dará palabras con que iguale
a tanto agravio cuanto amor me ha hecho,      10
pues que tan poco el sufrimiento vale?

¿Quién me abrirá por medio este mi pecho,
do yace tanto mal, donde no sale,
a tanta cuita mía y mi despecho?


SONETO 3

Cabe una fuente, a voz alta, sin tino,
se queja el buen Salicio, atormentado
de un más que nuevo amor, vano cuidado:
a tal remedio de sus males vino.

Amor, que nunca va por buen camino,      5
iba volando por el despoblado,
o fuese el llanto que, despedazado
del monte, respondía, alto y vecino:

Sal.   ¿Quién dio principios a mis cordojos -
                                          [Ojos.
Sal.   ¿Cierto crueles, y a mi destierro? - Yerro.
Sal.   ¿Deseos, a qué fin llevamos? - Vamos.

Sal.   ¿A lágrimas y enojos? - Más enojos.
Sal.   ¿Pues qué remedio a tanto de yerro? -
                                          [Hierro.
Sal.   ¿Qué muera así a mis manos? - Y a mis
                                          [manos.


SONETO 4

*A la muerte de Leandro* *

Entre Sesto y Abido, al mar estrecho,
lidiando con las ondas sin sosiego,
noche alta el buen Leandro prueba el fuego
de lágrimas que corren sin provecho.

Viendo que es todo en vano, vuelve el pecho   5
de nuevo a aquel mar bravo, ojos al fuego,
que luce en la alta torre (Ay! amor ciego,
que tanta crueldad has visto y has hecho!).

Nadaba, mientras pudo, hacia la playa
de Sesto, deseado y dulce puerto,          10
por que siquiera allí muriendo caya.

—En fin, ondas, vencéis (dijo, cubierto
ya de ellas); mas no haréis que allá no vaya:
vivo no queréis vos, mas iré muerto!

# LUIS VAZ DE CAMOENS

## SONETO 1

De piedra, de metal, de cosa dura,
el alma, dura ninfa, os ha vestido,
pues el cabello es oro endurecido,
y mármol es la frente en su blancura.

Los ojos, esmeralda verde y oscura;     5
granada las mejillas; no fingido,
el labio es un rubí no poseído;
los blancos dientes son de perla pura.

La mano de marfil, y la garganta
de alabastro, por donde como yedra     10
las venas van de azul muy rutilante.

Mas lo que más en toda vos me espanta,
es ver que, por que todo fuese piedra,
tenéis el corazón como diamante.

## SONETO 2

¿Dó están los claros ojos que colgada *
mi alma tras de sí llevar solían?
¿Dó están las dos mejillas que vencían
la rosa cuando está más colorada?

¿Dó está la roja boca y adornada
con dientes que de nieve parecían?
¿Los cabellos que el oro oscurecían,
dó están, y aquella mano delicada?

¡Oh toda linda! ¡dó estarás ahora
que no te puedo ver, y el gran deseo          10
de verte me da muerte cada hora!

Mas no miráis mi grande devaneo:
que tengo yo en mi alma a mi Señora,
y diga: ¿dónde estás, que no te veo?


## SONETO 3

El vaso reluciente y cristalino,
de Angeles agua clara y olorosa,
de blanca seda ornado y fresca rosa,
ligado con cabellos de oro fino,

bien claro parecía el don divino              5
labrado por la mano artificiosa
de aquella blanca Ninfa, graciosa
más que el rubio lucero matutino.

En el vaso vuestro cuerpo se afigura,
rajado de los blancos miembros bellos,        10
y en el agua —vuestra ánima pura;

la seda es la blancura, y los cabellos
son las prisiones y la ligadura
con que mi libertad fue asida de ellos.


## SONETO 4

Ondas que por el mundo caminando
continuo vais llevadas por el viento,
llevad envuelto en vos mi pensamiento,
do está la que do está lo está causando.

Decidle que os estoy acrecentando,                    5
decidle que de vida no hay momento,
decidle que no muere mi tormento,
decidle que no vivo ya esperando.

Decidle cuán perdido me hallastes,
decidle cuán ganado me perdistes,                    10
decidle cuán sin vida me matastes.

Decidle cuán llagado me heristes,
decidle cuán sin mí que me dejastes,
decidle cuán con ella que me vistes!


### SONETO 5

Orfeo enamorado que tañía *
por la perdida Ninfa, que buscaba,
en el Orco * implacable donde estaba,
con la arpa y con la voz le enternecía.

La rueda de Ixión * no se movía,                    5
ningún atormentado se quejaba,
las penas de los otros ablandaba,
y todas las de todos él sentía.

El son pudo obligar de tal manera,
que, en dulce galardón de lo cantado,                    10
los infernales Reyes, condolidos,

Le mandaron volver su compañera,
y volvióla a perder el desdichado,
con que fueron entrambos los perdidos.


### SONETO 6

Pues lágrimas tratáis, mis ojos tristes,
y en lágrimas pasáis la noche y día,
mirad si es llanto éste que os envía
aquélla por quien vos tantas vertistes.

Sentid, mis ojos, bien ésta que vistes; 5
v si ella lo es, ¡oh gran ventura mía!
Por muy bien empleados los habría
mil cuentos que por ésta sola distes.

Mas una cosa mucho deseada,
aunque se vea cierta, no es creída, 10
cuanto más ésta, que me es enviada.

Pero digo que aunque sea fingida,
que basta que por lágrima sea dada,
porque sea por lágrima tenida.

## ARTE MENOR

### I

De dentro tengo mi mal,
que de fuera no hay señal.
Mi nueva y dulce querella
es invisible a la gente;
el alma sola la siente, 5
que el cuerpo no es digno de ella.
Como la viva centella
se encubre en el pedernal,
de dentro tengo mi mal.

### II

Irme quiero, madre,
a aquella galera,
con el marinero
a ser marinera.

Madre, si me fuere, 5
doquiera que vo,
no lo quiero yo,
que el Amor lo quiere.
Aquel niño fiero

hace que me muera
por un marinero
a ser marinera.

El, que todo puede,
madre, no podrá,
pues el alma va,
que el cuerpo se quede.
Con él por quien muero
voy, porque no muera;
que, si es marinero,
seré marinera.

Es tirana ley
del Niño Señor,
que por un amor
se deseche un Rey.
Pues de esta manera
quiere, yo me quiero
por un marinero
hacer marinera.

Decid, ondas, ¿cuándo
vistes vos doncella,
siendo tierna y bella,
andar navegando?
¿Mas qué no se espera
de aquel niño fiero?
¡Vea yo quien quiero,
sea marinera!

### III

Justa fue mi perdición;
de mis males soy contento;
ya no espero galardón,
pues vuestro merecimiento
satisfizo a mi pasión.

Después que Amor me formó
todo de amor, cual me veo,
en las leyes que me dio,
el mirar me consintió
y defendióme el deseo.                                              10
Mas el alma, como injusta,
en viendo tal perfección,
dio al deseo ocasión:
Y pues quebré ley tan justa,
justa fue mi perdición.                                            15

Mostrándose el Amor
más benigno que cruel,
sobre tirano, traidor,
de celos de mi dolor
quiso tomar parte en él.                                           20
Yo, que tan dulce tormento
no quiero dalle, aunque peco,
resisto, y no lo consiento;
mas si me lo toma a trueco
de mis males, soy contento.                                    ,    25

¡Señora, ved lo que ordena
este Amor tan falso nuestro!
Por pagar a costa ajena,
manda que de un mirar vuestro
haga el premio de mi pena.                                         30
Mas vos, para que veáis
tan engañosa tensión,
aunque muerto me sintáis,
no miréis, que, si miráis,
ya no espero galardón.                                             35

¿Pues qué premio (me diréis)
esperas que será bueno?
Sabed, si no lo sabéis,
que es lo más de lo que peno
lo menos que merecéis.                                             40
¿Quién hace al mal tan ufano
y tan libre al sentimiento?

¿El deseo? No, que es vano.
¿El amor? No, que es tirano.
¿Pues? Vuestro merecimiento.                                45

No pudiendo Amor robarme
de mis tan caros despojos,
aunque fue por más honrarme,
vos sola para matarme
le prestastes vuestros ojos.                                50
Matáronme ambos a dos;
mas a vos con más razón
debe él la satisfacción;
que a mí, por él y por vos,
satisfizo mi pasión.                                        55


## IV

Ay de mí,
que muero después que os vi:
Ay de vos,
¿qué cuenta daréis a Dios?

En dos maneras se muestra                                   5
la pena que por vos siento:
es la una mi tormento;
la otra la culpa vuestra.
Que si os vi,
en perderme no perdí;                                       10
pero vos,
¿qué cuenta daréis a Dios?

Porque, si vuestra codicia
en mi daño es de tal arte,
aunque perdone la parte,                                    15
queda el caso a la justicia.
Yo de aquí
tomaré la culpa en mí;
pero Dios
tomará la pena en vos.                                      20

*aceto:* bien recibido.
*a destajo:* ant., con empeño, sin descanso y aprisa.
*a la bolina:* con viento de proa.
*almo:* nutricio, benéfico.
*alnado:* probablemente nacido antes de tiempo.
*aloque:* de color rojo claro, dícese del vino clarete.
*amatar:* matar.
*amostrar:* mostrar.
*áncora:* ancla.
*añudar:* ant., anudar.
*aquese, a, o:* ese.
*aqueste, a, o:* este.
*argén:* dinero. Del francés *argent*.
*asiano:* ant., asiático.
*atierra:* echa por tierra.

*cabe:* cerca de.
*calar:* descender, sumergirse.
*cantillo:* cantón, esquina.
*carillejo:* de carillo, amante.
*carillo:* que es caro, amado o querido. Amante, novio.
*cativo:* ant., cautivo, malo, infeliz, desgraciado.
*celada:* «emboscarse los enemigos es encubrirse para
    tomar desapercibidos los contrarios; y este ardid se
    llama emboscada y celada» (Sebastián de Covarru-
    bias, *Tesoro de la lengua castellana o española,*
    ed. Martín de Riquer, Barcelona, Horta, 1943).
*celado:* escondido.
*celebro:* cerebro.
*concento:* canto armonioso de diversas voces.
*contino (de):* de continuo, continuamente, siempre.
*copia:* abundancia; aludiendo al cuerno de la abun-
    dancia o cornucopia.
*cordojos:* penas.

*corredor:* «soldado que se enviaba para descubrir y observar al enemigo, y para descubrir el campo» *(Diccionario de la Academia).*
*cubijar:* cobijar.
*cuidoso:* cuidadoso.
*cuitado:* afligido.
*curar:* procurar, cuidar.


*debríamos:* deberíamos.
*de consuno:* juntamente.
*degollada:* desangrada, según Herrera.
*delicadura:* ant., delicadeza.
*desalmar:* quitar la fuerza y virtud a una cosa.
*desconocida:* ingrata.
*desgradecido:* desagradecido.
*despalmar:* desbrozar el casco de un barco.
*desparecer:* desaparecer.
*después que:* ant., desde que.
*diferencia:* «diversa modulación, o movimiento, que se hace en el instrumento, o con el cuerpo, bajo un mismo compás» *(Diccionario de la Academia).*
*duelo:* lástima.


*efeto:* efecto.
*ejecutá:* ejecutad. Forma necesaria para que conste el endecasílabo.
*enajenada:* apartada, separada.
*en cabello:* decíase de la mujer soltera. Véase nota p. 177.
*en continente:* incontinenti, sin dilación.
*enseñados:* adiestrados.
*espirtu:* espíritu. Forma necesaria para que conste el endecasílabo.
*exento:* libre.
*Extremo:* Extremadura.


*fantasticar:* fantasear, parece ser creación del poeta.
*felice:* feliz. Forma necesaria para satisfacer el endecasílabo.
*fenecer:* fallecer.
*fenestra:* ventana.
*fusta:* «género de navío, galera pequeña, vaso ligero, de que usan los corsarios que andan a robar por la mar. Díjose *a fuste,* del nombre latino *fustis,* que vale leño; y en lengua toscana *legno* vale lo mismo que fusta o navichuelo. Petrarca, soneto 272: "Na per sereno ciel ir vaghe stelle / ne per tranquillo legni spalmati, etc.".» (Covarrubias, *Tesoro de la lengua castellana o española*).

*granjear:* cultivar.
*guarte:* guárdate.
*halda:* falda.

*impedimiento:* impedimento.
*incomportable:* insoportable.
*infelice:* infeliz.

*jinete:* caballo a propósito para ser montado a la jineta.
*ledo:* alegre, contento.
*leonado:* rubio rojizo, como el pelo del león.
*luengamente:* largamente.
*luengo, a:* largo.

*maginallo:* imaginarlo.
*mal su grado:* contra su voluntad.
*maroma:* «las cuerdas gruesas, de las cuales principalmente usan los marineros, y así tomó el nombre de la mar. También usan de ellas en la tierra para subir con máquinas grandes pesos. Andar sobre la maroma, es una galantería, que algunos hacen volteando sobre ellas. A éstos llaman funámbulos» (Sebastián de Covarrubias, *Tesoro de la lengua castellana o española*).
*medianeza:* ant., medianía.
*minero:* manantial.
*Mosén:* título que se daba a los nobles de segunda clase en la antigua corona de Aragón.
*mutatis mutandis:* cambiando lo que se debe cambiar.

*namoradas:* enamoradas.
*nao:* nave, «bajel grande de alto borde» (Sebastián de Covarrubias, *Tesoro de la lengua castellana o española*).

*ovas:* algas verdes.
*pasador:* cierto género de flecha o saeta muy aguda.
*pichel:* vaso alto de estaño con tapa engoznada en el asa.
*platicar:* conversar.
*pobreto:* pobrete, desdichado, infeliz.
*polida:* pulida.
*presupuesto:* ant., designio.
*príapo:* una de las divinidades menores de Grecia y en Italia en la antigüedad, representado en figuras grotescas como símbolo de la fertilidad.
*puerco:* jabalí.

*quito:* libre, exento.

*recordando:* despertando.
*reguridad:* riguridad, rigor.
*rejalgar:* sulfuro de arsénico, mineral muy venenoso.
*relevadas:* en relieve.
*remanecer:* aparecer de nuevo e inopinadamente.
*retraer:* reproducir en imagen o en retrato.

*sauz:* sauce.
*secutad:* ejecutad.
*seta:* secta.
*se trastornaban:* se transponían.
*sin duelo:* sin tasa, abundantemente.
*sino que:* a no ser que.
*sobrar:* superar.
*somorgujar:* sumergir, chapuzar.

*trasañejo o tresañejo:* que tiene más de tres años.
*trayo:* forma antigua de traigo, del latín *traho.*
*tremer:* temblar.
*troque:* trueque.
*trujeron:* trajeron.
*trujo:* trajo.

*ufaneza:* ufanía.

*varletes:* criados. Forma antigua del francés *valet.*
*veloce:* veloz. Forma necesaria para satisfacer el endecasílabo.
*vido:* vio.
*virote:* mozo soltero y ocioso.

*yugada:* espacio de tierra que puede arar una yunta en un día.
*yuso:* abajo.

# NOTAS EXPLICATIVAS

Se dan entre paréntesis los números de las páginas en que
aparece señalado con asterisco el término comentado.

(87) *Garcilaso que al bien siempre aspiraste.*—De los
dos sonetos que Boscán escribió sobre la muerte de
su amigo hemos elegido éste porque su estructura
impecable no aminora la emoción viva del que
habla. Como de costumbre, los comentarios de
Menéndez y Pelayo siguen teniendo vigencia e interés hoy: «Boscán honró la memoria de su amigo
con dos sonetos, de los cuales dijo Hernando de
Herrera que 'si tuvieran sus obras muchos seme-
jantes a ellos, por ventura merecieran mejor lugar'.
La sentencia es dura, porque Boscán tiene algunos
sonetos iguales o mejores que éstos; pero en el segundo dedicado a la memoria de Garcilaso hay (si
se prescinde de las rimas verbales) un sentimiento
de amistad muy hondo y delicado, y una cierta
languidez y desfallecimiento, que no carece de encanto», *Ant. de poetas líricos castellanos*, ed. de
D. Enrique Sánchez Reyes, Santander, Aldus, 1946,
X, p. 128.

(91) *Como madre con hijo regalado.*—Este soneto sigue muy de cerca versos de los *Cants d'amor* de
Ausias March:

　　Si 'n pren aixi con dona ab son infant
　　que si veri li demana plorant
　　ha tant poch seny que no l' sab contradir...
　　　　　　　　　　　　　　　　(XXVIII),

que también son la base temática de los sonetos
«Como la tierna madre que el doliente» de Garcilaso y «¡Si fuese muerto ya mi pensamiento!» de

Hurtado de Mendoza que se pueden leer en esta antología. Véase Angel GONZÁLEZ PALENCIA, *Vida y obras de don Diego Hurtado de Mendoza*, vol. 3, Madrid, Instituto Valencia de D. Juan, 1941-43, p. 77.

(94) *Respuesta de Boscán a don Diego de Mendoza.*— Esta epístola de Boscán es su respuesta a la de Hurtado de Mendoza, «El no maravillarse hombre de nada», ambas en tercetos como era costumbre.

(97) *Xenócrates.*—Jenócrates, filósofo griego, discípulo de Platón (siglo IV a. de J. C.).

(99) *Sin colgar de esperanza ni de miedo.*—Sin estar pendiente.

(101) *Apolo.*—Tomado de la mitología griega, primero como dios de la medicina, los oráculos y la profecía, aparece en las *Geórgicas* de Virgilio como tal y también como patrón de la música y de la poesía.

(102) *Venus.*—En su origen probablemente una divinidad romana asociada con los jardines, luego, confundida con la divinidad griega Afrodita, pasa a ser la diosa del amor.

(102) *Adonis.*—En la mitología griega, Afrodita se enamora del hermoso joven Adonis y, cuando un jabalí lo mata, hace que la flor de la anémona surja de su sangre. El joven Adonis ha pasado a ser símbolo de la belleza.

(102) *Baco.*—También llamado Dionisos: dios griego del vino, hijo de Zeus y de Semele.

(103) *Virgilio.*—Publio Vergilio Marón (70-19 a. de J. C.), el más famoso de los poetas latinos, autor de la *Eneida*, el mayor poema épico de la literatura latina.

(103) *Eneas.*—En la mitología, hijo de Anquises y Afrodita y príncipe troyano que la leyenda quiso que fuese el fundador de Roma. Virgilio basa su *Eneida* en esta leyenda y hace de Eneas el gran héroe romano.

(103) *Homero.*—Gran poeta griego que en la antigüedad era considerado el autor de la *Ilíada* y de la *Odisea*. Se creía que había vivido en el siglo IX a. de J. C., pero su misma existencia se pone en duda hoy.

(103) *Aquiles.*—Hijo de Peleo y de Tetis, gran héroe griego de las guerras de Troya y personaje central de la *Ilíada*.

(103) *Ulises.*—Nombre latino de Odiseo, hijo de Laertes, rey de Itaca. Astuto y enérgico guerrero en la *Ilíada*, que pasa a ser el personaje central en las peregrinaciones de regreso al hogar que se narran en la *Odisea*.

(103) *Propercio.*—Sexto Propercio (50-16 a. de J. C.), poeta elegíaco latino. Sus poemas de amor están dirigidos a Cintia.

(103) *Cinthia.*—Cintia, amada de Propercio.

(103) *Catulo.*—Cayo Valerio Catulo (84-54 a. de J. C.), poeta elegíaco latino, uno de los más leídos en tiempos modernos, por su melancolía y hedonismo.

(103) *Lesbia.*—Infiel amante de Catulo a quien el poeta dedica versos de amor al principio y contra quien escribe amargas lamentaciones después.

(106) *Mosén Durall.*—El comentario de MENÉNDEZ PELAYO añade algo más de historia y nos ayuda a comprender por qué Boscán no ha tenido el éxito que quisiéramos: «Poco puedo decir de las personas indicadas en estos malos versos. Nada sé de Monleón. Mosén Durall, según dice Herrera en sus anotaciones a Garcilaso (p. 384), era 'el maestro racional—del Principado—, cavallero principal y rico en Barcelona. Era muy gordo el Durall', lo cual explica este pasaje de la epístola de Garcilaso a Boscán: 'A mi señor Durall estrechamente / abrazad de mi parte, si pudierdes.' Jerónimo Agustín era hermano del grande arzobispo de Tarragona e hijo de D. Antonio Agustín, vicecanciller de Aragón... El biógrafo aragonés Latassa sólo dice de D. Jerónimo que se distinguió en la carrera de las armas... Tanto Jerónimo Agustín como Durall y Monleón están mencionados también como amigos comunes en la epístola de don Diego de Mendoza que dio ocasión a la de Boscán». *Ant. de poetas líricos castellanos, op. cit.,* p. 121.

(107) *Claros y frescos ríos.*—«Ya el primer verso, claramente imitativo como lo son muchos de los exordios de las canciones y sonetos de Boscán, nos da la clave del poema: 'Chiare, fresche e dolci acque'», dice Margarita MORREALE en su *Castiglione y Boscán: el ideal cortesano en el Renacimiento español,* Madrid, Anejos del *Boletín de la Real Academia Española,* 1959, p. 253 y ss., que deben leerse junto con E. SEGURA COVARSÍ, *La canción petrarquista en la lírica española del Siglo de Oro,* Madrid, Consejo Superior de Investigaciones Científicas, 1949, y Amos PARDUCCI, *Saggio sulla poesia lirica di Juan Boscán,* Bolonia, Cooperativa Tip. Azzoguidi, 1952, para estudiar la influencia de Petrarca.

(117) *Garcilaso de la Vega.*—Como se indica en los «Criterios de esta edición», únicamente en Garcilaso aparecerán notas textuales. Utilizamos como base

la edición de Elías L. RIVERS, *Obras completas* (en abreviatura O), con variantes ocasionales de mi edición de *Poesías completas*. Los detalles de cambios en el texto se explican en notas; en las cuales las iniciales B, H, T y A se refieren a las anotaciones del Brocense, Herrera, Tamayo y Azara respectivamente que se imprimen en el libro de Antonio GALLEGO MORELL, *Garcilaso de la Vega y sus comentaristas*, Granada, Universidad de Granada, 1966. Todos estos textos se incluyen en la «Bibliografía».

(117) *acabar.*—En Rafael LAPESA, *La trayectoria poética de Garcilaso*, Madrid, Revista de Occidente, 1948, p. 55 y ss., se estudia el fondo tradicional de retruécano detrás de la repetición de «acabar» en este soneto.

(117) *ella.*—No figura en O, añadida por BHTA.

(117) *mas.*—«mas tan» en O, corregido por BTA.

(117) *deja.*—«que deja a mal» en O, corregido por BMTA.

(118) *en.*—«con» en O, corregido por BHTA.

(118) *prisión.*—«prisiones» en O, corregido por BHTA.

(118) *Escrito está en mi alma vuestro gesto.*—Nótese la asonancia de las rimas de la octava, que continúa en una rima del sexteto. Se considera a menudo que es falta de habilidad permitir que las rimas consonantes sean además asonantes. Tal vez quería Garcilaso dar énfasis al centro de significado del poema («quereros, os quiero») mediante esta asonancia, que sería entonces un hilo puesto a propósito para unir en lo externo del soneto las contrariedades que se resumen en la unidad de amor. El conflicto entre la unidad de la rima y la división entre las dos partes, octava y sexteto, muy marcada en este caso, se destruye en una arquitectura de gran tensión.

(118) *o dar.*—«a dar» en O, corregido por HA.

(119) *y conozco el mejor y el peor apruebo.*—Eco de Ovidio, *Metamorfosis*, vii, 20: «Video meliora proboque, deteriora sequor». Ejemplo de la exquisita adaptación del latín que acompaña al arte original de Garcilaso.

(119) *cuando en las pasadas.*—«en» no figura en O, corregido por HT.

(120) *A Dafne ya los brazos le crecían.*—En la mitología griega, la ninfa Dafne fue convertida en laurel en el momento en que Apolo quiso poseerla. Narra el mimo episodio Dinámene en la Egloga III. Véase Mary E. BARNARD, «The Grotesque and the Courtly in Garcilaso's Apollo and Dafne», *Romanic*

*Review* LXXII (1981), pp. 253-73, para un estudio del mito de este soneto en la «Egloga III».

(120) *blancos.*—«blandos» en O, corregido por BA.

(120) *el árbol.*—«este árbol» en O, corregido por H.

(121) *ya que.*—«y aquel piadoso» en O, corregido por T.

(121) *y aplaca.*—«aplaca el llanto» en O, corregido por A.

(121) *os me pide.*— «me» no figura en O, añadido por BHTA.

(121) *quitar este mortal.*—«quitalle a este mal» en O, corregido por H.

(121) *enciende el corazón y lo refrena.*—Este verso es corrección de H, en O se lee «con clara luz la tempestad serena».

(121) *leyes rigurosas.*—En O «tan rigurosas», corregido por BHTA.

(122) *cuánto bien se acaba.*—Así según H; en O, «cuánto se acabó».

(122) *Amor, amor un hábito vestí.*—Soneto basado en versos de Ausias March, canto LXXVII: «Amor, amor, un habit m'e tallat». Véase LAPESA, *op. cit.*, p. 62.

(123) *Leandro.*—En la mitología griega, joven amante de Hero que se ahogó en el Helesponto. Boscán escribió el ambicioso poema «Hero» de cerca de tres mil endecasílabos sobre esta historia mitológica. El tema se repite constantemente en el Siglo de Oro.

(124) *cerca del Danubio una isla que pudiera.*—Referencia a la isla cercana a Ratisbona donde pasó al destierro Garcilaso cuando fue castigado por el Emperador. Véase p. 32.

(126) *de alguno fueren a la fin halladas.*—Corrección de B para satisfacer el endecasílabo. En O era «fueren de alguno en fin halladas».

(130) *A la flor de Gnido.*—Título de la canción, dado en latín en el original («Ode ad Florem Gnidi» en O). Juego de palabras basado en el parecido de Nido, barrio de Nápoles donde vivía Violante Sanseverino y Gnido o Cnido (Gnidus o Cnidus), célebre templo de Venus en la antigua ciudad de Caria, en la colonia lacedemonia del Asia Menor. En el poema Garcilaso intercede por su amigo Mario Galeota, enamorado de Violante.

(131) *Marte.*—Antiguo dios romano, probablemente asociado con la agricultura, pero luego oficialmente dios de la guerra, por asociación con Ares, hijo de Juno.

(131) *del áspero caballo no corrige / la furia y ga-llardía.*—Hermoso ejemplo de hendíadis (la gallarda furia del áspero caballo), o sea, la expresión de un solo concepto por dos nombres coordinados, figura que pasó a ser muy popular en el Barroco.

(132) *Anaxárete.*—Fue convertida en mármol por Afrodita como castigo por su crueldad hacia el joven Ifis, que se ahorcó a su puerta después de ser desdeñado por ella.

(133) *Némesis.*—De acuerdo con Hesíodo, hija de la noche que se convirtió en la diosa de la venganza y la justicia distributiva.

(134) *Aquí.*—En Trápana, Sicilia.

(134) *Anquises.*—Fundador de Troya, padre de Eneas.

(134) *el Mantüano.*—Virgilio.

(134) *César Africano.*—Carlos V.

(135) *de la Serena la patria.*—Nápoles.

(139) *el troyano encendimiento.*—El amor de Paris por Helena que causó la guerra de Troya y el incendio de la ciudad.

(139) *que aquesto es voluntario.*—«aqueste» en O, corregido por H.

(142) *si hay algunas.*—«alguna» en O, corregido por H.

(142) *Dural.*—Véase nota a p. 106.

(142) *Doce del mes... Petrarca.*—12 de octubre de 1534, escrita esta epístola probablemente en Avignon, donde fue sepultada Laura.

(143) *Al Virrey de Nápoles.*—Don Pedro de Toledo, protector de Garcilaso, tío del famoso Duque de Alba, Fernando Alvarez de Toledo.

(143) *estado albano.*—De la familia Alba.

(143) *andes a caza.*—En O «andas», corregido por BHTA.

(145) *Salid, sin duelo, lágrimas corriendo.*—El sentido de este famoso verso, creo yo, debe ser el que se da en el vocabulario, de acuerdo con el Diccionario de la Academia: «salid sin tasa, abundantemente», puesto que el dolor es tan grande. Se ha tratado de elucidar y de interpretar el texto de formas distintas, algunas claramente imposibles. En cambio, la posibilidad de que Garcilaso refiriese este «duelo» al mismo protagonista, Salicio, queriendo decir algo complicado y distinto, se ha estudiado y puede tener cierta validez, aunque no esté muy de acuerdo con la práctica y aun la teoría lingüística evidente en sus reflexiones acerca del idioma cuando habla de la traducción del *Cortesano* de . Boscán. Véase el artículo «Garcilaso's sin duelo» de Brian

Dutton en *Modern Language Notes*, LXXX (1965), pp. 251-258.

(147) *de mí, cuitado.*—«de cuydado» en O, corregido por BHTA.

(147) *yo te vi agradada.*—«vía» en O, corregido por BHTA.

(147) *el mantüano Títiro.*—Virgilio.

(148) *socorrerme aquí no vienes.*—«socorrer» en O, corregido por BTA.

(148) *ven si por sólo aquesto te detienes.*—«esto» en O, «aquesto» es necesario para satisfacer el endecasílabo; véase Alberto Blecua, *En el texto de Garcilaso*, Madrid, Insula, 1970, p. 118.

(149) *la blanda Filomena.*—«blanca» en O, corregido por BA. Filomena aquí por ruiseñor, según aparece en la mitología griega.

(149) *Piérides.*—Las musas, nombre del lugar, costa norte del Olimpo, asociado con ellas.

(150) *este mismo valle.*—«triste» en O, corregido por BHTA.

(150) *estuve yo.*—«estuve ya» en O, corregido por A.

(150) *fuera aquesta.*—Palabras añadidas por BTA.

(150) *¿Dó la columna...* —En O, «de la columna», corregido por BTA.

(150) *...con proporción gallarda sostenía?*—«con presunción» en O y todos los comentaristas. Corrección acertada y necesaria que ofrece A. Blecua, *op. cit.*, pp. 121-127, con razonamientos irrefutables.

(151) *crecer, llorando, el fruto miserable.*—En O se lee «lloviendo», corregido por BTA.

(152) *suelto yo la rienda.*—En O «ya», corregido por BTA.

(153) *trance de Lucina.*—Parto. Lucina es Diana, diosa de alumbramientos, o a veces Juno; aquí está claro que se refiere el poeta a Diana por las referencias a la caza y al pastor Endimión.

(153) *pudieran amansar.*—«pudieron» en O, acertada corrección de A. Blecua, *op. cit.*, p. 131.

(153) *y en la tercera rueda.*—El cielo de los enamorados, regido por Venus; véase Otis H. Green, «The Abode of the Blest in Garcilaso's Egloga I», *Romance Philology*, VI (1953), pp. 272-278.

(154) *donde descanse y siempre pueda· verte.*—Era en O «descansar»; la corrección de H satisface el endecasílabo y el sentido.

(154) *ilustre y hermosísima María.*—Se estudia en la «Introducción» la posible identificación de la «ilustre y hermosísima María» y también las cuatro ninfas y la función de los mitos griegos en la Egloga III.

(155) *el Estigio lago.*—El principial río de los infiernos, a los que daba la vuelta nueve veces y formaba una laguna. El nombre significa «aborrecible».

(155) *Apolo.*—Véase nota a p. 101. Las nueve hermanas son las musas.

(155) *la ribera de Estrimón.*—El Estrimón es un río de Tracia, patria de Orfeo.

(155) *del de Tracia.*—De Orfeo, poeta legendario, casado con la ninfa Eurídice, quien después de tropezar fue envenenada por una serpiente. Orfeo bajó a los infiernos y convenció a Perséfona para que le dejara volver a la vida con la maravilla de su música, a condición de que el poeta no volviera la vista para verla hasta que llegase a la tierra. No pudiendo contenerse Orfeo, perdió por segunda vez a su esposa.

(156) *alegrando la vista.*—«yerva» en O, corregido por H.

(156) *que pudieran los ojos.*—«pudieron» en O, corregido por BHTA.

(156) *y de sombra lleno.*—«sombras» en O, corrección de BHTA.

(156) *Habiendo contemplado.*—«Aviendo ya» en O, corregido por BHTA.

(157) *y de las verdes ovas.*—«hojas» en O; véanse las razones para esta corrección en A. BLECUA, *op. cit.*, pp. 164-167.

(157) *tanto artificio muestra en lo que pinta.*—La descripción de cuadros en esta égloga se estudia en Alan G. PATERSON, «Ecphrasis in Garcilaso's 'Egloga III'», *Modern Language Review*, LXXII (1977), pp. 73-92.

(157) *Apeles y Timantes.*—Apeles: el más ilustre de los pintores griegos, siglo IV a. de J. C., vivió en la corte de Alejandro Magno. Timantes: célebre pintor griego del mismo siglo.

(158) *de su hermosa carne despidiendo.*—«de la su hermosa» en O, corrección de H.

(160) *un monte casi alrededor ceñía.*—«tenía» en O, corregido por BTA.

(160) *con artificio de las altas ruedas.*—Grandes ruedas que sacan del río agua para el riego. Explica todo el pasaje con sutil maestría Dámaso Alonso en «Garcilaso y los límites de la estilística», *Poesía española,* Madrid, Gredos, 1957, 3.ª ed., impreso otra vez en la colección *La poesía de Garcilaso. Ensayos críticos,* ed. de Elías L. Rivers, Barcelona, Ariel, 1974, pp. 267-284.

(161) *estaba entre las hierbas degollada.*—Para la in-

terpretación de este verso, véase Enrique MARTÍNEZ LÓPEZ, «Sobre aquella bestialidad de Garcilaso ('Egloga III', 230)», *Publications of the Modern Language Association of America*, LXXXVII (1972), páginas 12-25.

(161) *Lusitania.*—Una de las divisiones de la España romana, que correspondía en gran parte al actual Portugal.

(161) *Neptuno.*—Nombre de un antiguo dios romano del que poco se sabe hasta que se le asocian los atributos del dios griego Poseidón y se le convierte en el dios de los océanos.

(162) *recogido llevaban, alegrando.*—«allegando» en O, corregido por HT.

(163) *cantando el uno, el otro respondiendo.*—Este famoso pasaje final de la «Egloga III» es un canto amebeo, así llamado por cantarse alternativamente en justas poéticas, posiblemente entre pastores. Fue introducido en la literatura por Teócrito en sus *Idilios*, y seguido luego en las *Eglogas* de Virgilio.

(163) *Favonio y Céfiro.*—Son los nombres latino y griego del mismo viento, y los comentaristas antiguos criticaron el descuido de Garcilaso, pero Tamayo observa que algunos escritores antiguos ya habían considerado a Favonio y Céfiro como vientos distintos.

(164) *Alcides.*—Hércules, cuyo padrastro, Anfitrión, era hijo de Alceo, hijo a su vez de Perseo.

(165) *doquiera que de hoy más sauces se hallen.*—«sauzes de hoy más se hallaren» en O, corregido por BHTA.

(165) *sabemos ya que sobre todos vaya.*—«sabremos» en O, corregido por BHTA.

(165) *juntas se arrojaron por el agua a nado.*—«juntas s'arrojaron por el agua» en O, corregido por BTA.

(171) *Villancico.*—Este villancico, uno de los más hermosos y sencillos del siglo, fue traducido al alemán por el poeta Emanuel Geibel (1815-1884). Véase Clara Leonora NICOLAY, *The Life and Works of Cristóbal de Castillejo*, Filadelfia, Westbrook Publishing Co., 1923, p. 39, n. 1.

(171) *seis pies de tierra.*—Lo mismo que «siete pies de tierra», se usa figurativamente por sepultura.

(172) *Glosa de las vacas.*—Glosa de una copla muy conocida que dio origen al baile de *las vacas*. Véase Pedro HENRÍQUEZ UREÑA, *La versificación irregular en la poesía castellana*, Madrid, Centro de Estudios Históricos, 1933, p. 128.

(175) *Una sola y es sacada la mayor parte de Catulo.*—
Inspirado muy libremente en un fragmento de Catulo (poeta latino del siglo I a. de J. C.). Los comentaristas pasan por alto el hecho de que este
trozo no es el comienzo del poema V: «Vivamus,
mea Lesbia, atque amemus»; aunque la selección
del fragmento implica la decisión de no traducir
los versos anteriores: «nobis cum semel occidit
brevis lux / nox est perpetua una dormienda»
(cuando se apague nuestra breve luz / tendremos
que dormir noche perpetua), que por su significado
agnóstico eran difíciles de aceptar, simplemente su
recuerdo en la mente erudita de los poetas y pre-
lados del siglo debía ser parte de los profundos
conflictos que les había traído la irrupción renacentista de actitudes clásicas. Después de estipular
la mortalidad propia en una naturaleza que parecía
inmortal, el poeta latino pide el consuelo de inter-
minables besos:

> da mi basia mille, deinde centum,
> dein mille altera, dein secunda centum,
> deinde usque altera mille, deinde centum,
> dein, cum millia multa fecerimus,
> conturbabimus illa, ne sciamus,
> aut nequis malus invidere possit,
> cum tantum sciat esse basiorum.

Se pierde en la adaptación juguetona de Castillejo, además de la profunda tristeza de los versos
suprimidos, el sentido entre irónico y amargo del
término «conturbabimus», vagamente traducido por
«desbaratar», ya que el término latino se refería a
la antigua y, por desgracia, moderna costumbre de
la quiebra fraudulenta en la que se esconden bienes capitales.

(175) *Lucero.*—«Según anota Durán, fue inquisidor
en Córdoba a principios del siglo XVI. A él se atri-
buye la frase 'Dámele judío y dártele he quema-
do'», J. DOMÍNGUEZ BORDONA, *Obras, op. cit.*

(175) *anabaptistas.*—Secta política y religiosa del siglo XVI, que rechazaba como ineficaz el bautismo
de los niños y sometía a un segundo bautismo a
los que abrazaban sus ideas.

(176) *Juan de Mena.*—(1411-1456), autor del *Laberinto
de fortuna.*

(176) *Jorge Manrique.*—(1440-1456), autor de las famosas «Coplas a la muerte de su padre».

(176) *Garci-Sánchez.*—Garci Sánchez de Badajoz (1460?-
1526), autor de *Infierno de amor.*

(176) *Cartagena.*—Alfonso de Cartagena (1384-1456), prelado y escritor.

(176) *Torres Naharro.*—Bartolomé Torres Naharro (1476?-1531), poeta y dramaturgo, autor de la *Propaladia.*

(179) *Soneto.*—Las ediciones antiguas atribuyen el soneto a Boscán y la octava a Garcilaso, pero los editores modernos no aceptan tal atribución.

(180) *lecciones.*—Alusión a las *Lecciones de Job apropiadas a sus pasiones de amor* de Garci Sánchez.

(182) *Luis de Haro.*—Véase nuestra «Intróducción» y el comentario de Antonio GALLEGO MORELL, «La escuela poética de Garcilaso», *Arbor*, XVII (1950), páginas 27-47.

(182) *Solimán.*—Solimán II el Magnífico que reinó de 1520 a 1566. El significado del terceto es que ya han muerto Boscán y Garcilaso y que Luis de Haro es prisionero de los turcos, así que sólo Diego Hurtado de Mendoza queda del grupo. Al parecer, Castillejo era amigo de Don Diego.

(182) *Clara estrella de la mar.*—El himno «Ave Maris Stella» ha tenido glosa y eco repetido en la poesía española desde Berceo, en cuyos *Milagros de Nuestra Señora* se pueden hallar numerosas referencias, como ésta de la «Introducción»:

La bendita virgen es estrella clamada,
estrella de los mares, guiona deseada,
es de los marineros en las cuitas guardada,
que cuando esa veden, es la nave guiada.

(187) *Alcocer.*—Villa de la provincia de Guadalajara.

(189) *la moradilla va entrando.*—Alusión a la aceituna, ya casi madura y de color morado.

(190) *Aracena.*—Ciudad de la provincia de Huelva.

(191) *Mida.*—Midas, legendario rey de Frigia que obtuvo de Baco la facultad de trocar en oro cuanto tocaba.

(193) *cuanto Pedro devana y hila Marta?*—Gastar cuanto...: «no lograr uno ver cubiertas sus atenciones, aun aplicando a ellos todos sus recursos», Francisco RODRÍGUEZ MARÍN, *op. cit.*, p. 287.

(199) *Doña Marina de Aragón.*—(1523-1549), dama de honor de la emperatriz Isabel. Véase A. MOREL FATIO, «Doña Marina de Aragón», en *Etudes sur l'Espagne*, 3ème série, París, 1904, pp. 77-87.

(199) *Estábase en cabello.*—«niña en cabello»: «la doncella, porque en muchas partes traen a las doncellas en cabello, sin toca, cofia o cobertura ninguna en la cabeza hasta que se casan», Sebastián

DE COVARRUBIAS, *Tesoro de la lengua castellana o española.*

(199) *¡Si fuese muerto ya mi pensamiento.*—La irregularidad de esta octava (ABBAACCA) es muy rara en el siglo XVI. Hurtado de Mendoza puede usar, aunque raramente, tres rimas en la octava. Véase GONZÁLEZ PALENCIA, *op. cit.*, vol. 3, p. 18. Las rimas del primer cuarteto son también asonantes, lo que en este caso parece resultado, lo mismo que el uso de tres rimas en vez de dos, más que de deseos innovativos, de poca pericia.

(200) *como a madre con hijo regalado.*—Véase nota a la página 91, «como madre con hijo regalado», y además Amedée PAGÈS, *Auzias March et ses prédécesseurs*, París, H. Champion, 1911, p. 415.

(201) *Pedís, Reina, un Soneto, ya le hago.*—El conocido «Un soneto me manda hacer Violante» de Lope tiene muchos antecedentes en el siglo XVI, de los cuales éste es uno de los que tienen más gracia.

(201) *contento con dejar ambas orejas / por no quedar al sol bambolenado.*—Este y otros momentos de la poesía de Hurtado de Mendoza nos aseguran que podía el embajador de Carlos V proyectar su imaginación a figuras del hampa y que podría entonces haber escrito la *Vida de Lazarillo*, lo que no es todavía, ni mucho menos, prueba de que sea el autor.

(202) *A la variedad de la fortuna.*—Paráfrasis de un conocido epigrama latino, en redondillas y quintillas.

(205) *Epístola a Boscán.*—Para los detalles de la imitación de Horacio y de lo más original de la segunda mitad de esta epístola, véase A. GONZÁLEZ PALENCIA, *op. cit.*, vol. 3, pp. 86-87.

(217) *Como enfermo a quien ya médico cierto.*—«Este soneto y otros varios de esta colección corroboran la idea, apuntada en nuestro estudio sobre Cetina, de la gran influencia de Ausias March en el petrarquismo castellano. El soneto (...) es traducción en sus primeros versos del canto 81 de amor del eminente poeta catalán, que dice así:

> Si col malalt qui 'l metje lo fa cert
> que no 's pot fer que de la mort escap
> si de veri no beu un plen anap,
> e lo perill no li esta cubert...

que también tradujo Jorge de Montemayor, en los siguientes versos:

> Como el enfermo a quien le hace cierto
> el médico, que a no beber de presto

un vaso de ponzoña, será muerto,
y su peligro ve tan manifiesto...»

(Joaquín HAZAÑAS Y LA RÚA, *Obras*, p. 39.)

(218) *Como la simplecilla mariposa.*—Es traducción
de un soneto muy famoso de Petrarca: «Come ta-
lora al caldo tempo sole / semplicetta farfalla al
lume avezza». Véase HAZAÑAS Y LA RÚA, *op. cit.*, página 43, n. 2. Este soneto se tradujo e imitó a menudo en el siglo XVI.

(219) *Con aquel recelar que amor nos muestra.*—Este
soneto es una de las tantas versiones del episodio
de Hero y Leandro. Compárese con el soneto «Leandro que de amor en fuego ardía» (p. 222) que sigue
más de cerca al de Garcilaso, «Pasando el mar
Leandro el animoso» (p. 123).

(220) *Vandalio de su mano había entallado.*—En la
poesía de Cetina los pastores —Vandalio, Dórida—
deben seguramente responder a personajes de su
vida y conocimiento. Parece claro que la figura de
Vandalio corresponde al mismo poeta, pero no es
posible identificar a su amada y a otros pastores
quizá porque «la misma locuacidad del poeta...
hace fallar la labor crítica» (Antonio GALLEGO MO-
RELL, «La escuela poética de Garcilaso», p. 45).

(220) *Es lo blanco castísima pureza.*—Como clave de
la simbología de los colores, se incluye este soneto
de poca distinción. Es de notar cómo se han con-
servado en la tradición estas relaciones, aunque algunas nos parezcan ambiguas y unas pocas ya anticuadas.

(221) *A los huesos de los españoles muertos en Cas-
telnovo.*—Atribuida a Cetina y a Hurtado de Mendoza. En 1539 las fuerzas turcas de Kair Ed-Din,
apodado Barbarroja, se apoderaron de Castelnuovo,
al oeste de Verona. A menudo la poesía de la época
se refiere a hechos guerreros inmediatos, cuyo pa-
ralelo italiano en este caso «se encuentra en...
tres sonetos que Luigi Tansillo dedica al mismo
tema»; véase Antonio GALLEGO MORELL, «La escuela
poética de Garcilaso», p. 40. Véase también Angel
GONZÁLEZ PALENCIA, *Vida y obras de Don Diego Hurtado de Mendoza*, vol. 1, p. 105.

(222) *Leandro que de amor en fuego ardía.*—Compárese esta versión del mito de Hero y Leandro con
la anterior del mismo Cetina, «Con aquel recelar
que amor nos muestra», y con la de Garcilaso, «Pasando el mar Leandro el animoso», para ver la dependencia estrecha entre este soneto y el de Garcilaso.

(224) *Sísifo.*—Rey mitológico de Corinto, condenado en los infiernos a subir una enorme piedra a la cima de una montaña de donde volvía a caer.

(226) *La pulga.*—Atribuida también a Hurtado de Mendoza. Sigue muy de cerca, casi como si fuera una traducción más o menos libre, el poema «Capitolo del Pulce» del poeta veneciano Ludovico Dolce (1508-1568). Véase Joaquín Hazañas y la Rúa, *op. cit.*, p. 89, n. 1. Hay también un detallado estudio de las fuentes de la poesía de Cetina de Alfred Miles Withers, *The Sources of the Poetry of Gutierre de Cetina*, Filadelfia, Westbrook Publishing Co., 1923.

(226) *Ovidio.*—Publio Ovidio Nasón (43 a. de J. C.-18 d. de J. C.), uno de los poetas más importantes de la época clásica, leído principalmente en el medievo y en el Renacimiento por su magia narrativa y como guía a la mitología grecolatina en su *Metamorfosis.*

(227) *que no osaran hacer en Peralvillo.*—La referencia a Peralvillo se puede comprender en el contexto de su significado en la época: «un pago junto a Ciudad Real, adonde la Santa Hermandad hace justicia de los delincuentes que pertenecen a su jurisdicción, con la pena de saetas», Covarrubias, *Tesoro de la lengua castellana o española.*

(229) *y me quedara hecho un cesto.*—Poseído del sueño o de la embriaguez, dice el Diccionario de la Academia, pero la definición de Covarrubias que señala Francisco Rodríguez Marín, *op. cit.*, p. 276 parece más adecuada: «vacío de licor de sabiduría y discreción... como acontecería si uno quisiera echar agua en un cesto».

(231) *Nembrote.*—Probablemente el bíblico Nemrod, rey fabuloso de Caldea.

(233) *Al príncipe de Ascoli.*—El príncipe de Ascoli era amigo de Cetina y también poeta. En el lenguaje arcádico de la época, Cetina y Hernando de Acuña lo llaman Lavinio.

(235) *camarada.*—Parece indicar una referencia escabrosa a su etimología (de «cámara», por dormir en un mismo aposento).

(238) *Ojos claros, serenos.*—Este famoso madrigal ha pasado a todas las antologías y ha tenido repercusiones en la poesía española e hispanoamericana. Un estudio de su fortuna se hace en Francisco Monterde García Icazbalceta, *El madrigal de Cetina*, Méjico, Finisterre, 1968. Véase también Eugenio Mele y Narciso Alonso Cortés, *Sobre los amores*

*de Gutierre de Cetina y su famoso madrigal,* Valladolid, Imp. E. Zapatero, 1930.

(238) *del mozo convertido entre las flores / en flor.*— Narciso, en la mitología griega, enamorado de su propia figura, se precipitó al agua y fue convertido en la flor que lleva su nombre.

(242) *Damón.*—Nombre bucólico de Acuña.

(242) *Tesín.*—Tesino, río de Suiza e Italia.

(242) *De la alta torre al mar Hero miraba.*—Se ha elegido este sentido soneto sobre el mismo tema para poder compararlo con los de los otros poetas del siglo. Véase nota a la página 123.

(243) *Alma, pues hoy el que formó la vida.*—Nótese que en este soneto los catorce versos terminan con las palabras «vida» y «muerte», obteniéndose así un juego al parecer alambicado y sin emoción, pero en la paradójica realidad poética de entonces, la misma forma y su retórica refuerzan el sentimiento religioso.

(244) *Labinio.*—Quizá otro nombre bucólico para referirse al mismo poeta.

(245) *Ícaro.*—Hermosa rendición del mito de Dédalo y su hijo Ícaro, frecuente tema y referencia en la poesía del Siglo de Oro. El habilísimo inventor Dédalo que había sido condenado a la prisión del laberinto de Creta construyó alas de plumas y ceras y salió volando con su hijo Ícaro. En su orgullo y entusiasmo, el joven Ícaro decidió remontarse hacia el sol y, al derretirse la cera de sus alas, cayó al mar y se ahogó.

(245) *Zagala, di que harás.*— Esta glosa de un estribillo muy popular se parece a tantas otras del mismo estribillo, pero se ha elegido como ejemplo de obra colectiva por su sencillez y gracia.

(258) *Señora, vuestros cabellos.*—Francisco de Figueroa en su «Letra» (p. 281) glosa el mismo estribillo popular, dándole un sentido completamente distinto, quizá más cercano del que tenía en la canción original.

(266) *pues que Marcelio sola me ha dejado.*—Marcelio es el personaje de la *Diana enamorada* que encuentra este soneto en «letras escritas con acerado cuchillo» al regresar en busca de su amada Alcida.

(266) *Diana.*—Diosa de la caza. En su origen romano, había sido una divinidad encargada de la concordia, pero pronto pasó a confundirse con la diosa griega Artemis y a ser asociada con la luna.

(266) *Argía.*—Otro personaje del mundo idílico-pastoril de la novela de Gil Polo.

(266) *Cupido.*—Hijo de Venus, dios niño del amor, correspondiente en la mitología romana al dios griego Eros.

(267) *Canción de Nerea.*—Se ha considerado esta canción como piscatoria, aunque no lo sea «en rigor pues no se trata en ella de las faenas de los pescadores, pero pasa cerca del mar, a él se hace continua referencia y no me parece impropio, por consiguiente, incluirla en este género, aun a riesgo de faltar al tecnicismo retórico», Marcelino MENÉNDEZ PELAYO, *Orígenes de la novela*, Santander, 1943, volumen 2, p. 293. La consideraba el mismo M. Pelayo como «acaso la más linda de todas las églogas piscatorias que se han compuesto en el mundo desde que Teócrito inventó el género», *(Ibid.).*

En opinión del editor, Rafael FERRERES, procede la «Canción de Nerea», con notables variantes, de la segunda *Eclogae Piscatoriae* de Sannazaro, también MENÉNDEZ PELAYO encuentra en ella reminiscencias de la «Egloga IX» de Virgilio y de dos elegías de Castiglione. Véase su *Antología de poetas líricos castellanos*, vol. X, p. 70.

(267) *Galatea.*—Ninfa marina, hija de Nereo y de Doris, amada por el gigante Polifemo, a quien no correspondió ella porque amaba en cambio al pastor Acis. El gigante se vengó aplastando a su rival con una roca.

(267) *Lycio.*—Otro de los pastores en esta novela arcádica.

(268) *Europa.*—Júpiter se convirtió en toro para raptar a la ninfa Europa, hija de Agenor, rey de Fenicia. Otro tema predilecto de la época sacado de la mitología griega.

(272) *Morir debiera sin verte.*—En la *Diana enamorada*, Syreno canta esta canción de forma tradicional «porque... estuviese algo corrido del descuido que hasta entonces tuvo de Diana» (p. 212 de la edición ya mencionada), enlazando así los poemas con la lenta trama de la novela.

(277) *Blancas y hermosas manos / que colgado tenéis de cada dedo mi sentido.*—La reminiscencia de la «Egloga I» de Garcilaso: «que llevaban tras sí como colgada / mi alma, doquier que ellos se volvían», ha sido transformada y sirve aquí de comienzo a un soneto muy sentido, cuyo efecto poético se multiplica por el mismo hecho de recordar no sólo las palabras de Garcilaso, sino también temas repetidos en la época.

(278) *Perdido ando, señora entre la gente.*—El segun-

do verso, «sin vos, sin mí, sin ser, sin Dios, sin vida», recuerda una canción tradicional que ya se oye en la glosa de Jorge Manrique «Sin Dios y sin vos y mí» (Jorge MANRIQUE, *Cancionero*, Madrid, La Lectura, 1929, p. 177). Lo mismo que Manrique, numerosos poetas del siglo XV y después usaron el tema de esta canción como base de glosa. Lo que hace Figueroa es muy distinto: sus versos funden en la vena petrarquista de un soneto lo antiguo y lo nuevo para darle la perfección de su personalidad compleja y angustiada. En la «Introducción», se estudia con más detalle este soneto de sutilísima novedad.

(278) *Triste de mí que parto, mas no parto.*—El juego de palabras, parecido al del sexteto en «Cuando me paro a contemplar mi estado» de Garcilaso que repetía formas del verbo acabar, proviene de la poesía cancioneril, pero ha sido quizá aprendido en Garcilaso. La repetición de formas parecidas del verbo «partir» tiene aquí un efecto casi barroco y los últimos versos preparan lo más complicado del poetizar en el siglo siguiente.

(279) *Adiós, mi claro Tajo, / adiós las grandes ruedas sonorosas.*—Recuerda la descripción de las ruedas del Tajo en la «Egloga III».

(280) *Flora.*—Antigua diosa de la fertilidad de origen latino; en la mitología fue amante de Céfiro y madre de la Primavera.

(280) *insigne más que en Candia el de Museo.*—Museo es un poeta legendario, anterior a Homero, y que se suponía discípulo de Orfeo. La isla de Candia está en el mar Egeo.

(281) *Señora, vuestros cabellos.*—Compárese esta «Letra» con la de Gregorio Silvestre (p. 258), que tiene la misma base popular.

(282) *Sansón.*—En el Antiguo Testamento, juez de los judíos, famoso por su fuerza.

(287) *A la muerte de Leandro.*—Otra versión de la historia mitológica de Hero y Leandro que sucede entre Sesto y Abides, ciudades a ambos lados del estrecho Helesponto, llamado hoy Dardanelos.

(289) *¿Dó estám los claros ojos que colgada...*—Otro eco de la «Egloga III»: «¿Dó están ahora aquellos claros ojos / que llevaban tras sí, como colgada / mi alma...?».

(291) *Orfeo enamorado que tañía.*—Como hemos visto, el mito de Orfeo es tema frecuente de la poesía renacentista.

(291) *Orco*.—Divinidad de los infiernos que estaba encargada de castigar a los perjuros.

(291) *Ixión*.—Rey mitológico de Tesalia. Refugiado en el Olimpo y habiéndole faltado al respeto a Hera, fue condenado a ser atado a una rueda en llamas que había de girar eternamente.

# CRONOLOGIA

| | VIDA DE GARCILASO | ACONTECIMIENTOS HISTÓRICOS | ACONTECIMIENTOS CULTURALES |
|---|---|---|---|
| 1501 ó 1503 | Nace Garcilaso. | | |
| 1502 | Nace Diego Hurtado de Mendoza. | | Edición sevillana de la *Tragi-comedia de Calisto y Melibea* en 21 actos. |
| 1504 | | Muere Isabel I. | |
| 1560 | | Muere Cristóbal Colón. | |
| 1512 | | Muere Garcilaso de la Vega, padre. | |
| 1515 | Nace Santa Teresa de Jesús. | | |
| 1516 | | Muere Fernando II. | |
| 1517 | Nace Gutierre de Cetina. | Carlos I asciende al trono. | |

| | | | |
|---|---|---|---|
| 1520? | Nace Hernando de Acuña. Nace Gregorio Silvestre. | | |
| 1520-21 | | Sublevación de las Comunidades. | |
| 1521 | Muere León Hebreo. | Batalla de Villalar. Carlos V coronado Emperador. | |
| 1524 | Nace Luis de Camõens. | | |
| 1526 | | | Conversaciones de Boscán y Navagero en Granada. |
| 1527 | Nace Fray Luis de León. | | |
| 1529? | Nace Gaspar Gil Polo. | | |
| 1530 | Nace Baltasar del Alcázar. | | |
| 1532-36 | | Garcilaso en la Corte de Nápoles. | Se escriben las *Eglogas*. |

| | VIDA DE GARCILASO | ACONTECIMIENTOS HISTÓRICOS | ACONTECIMIENTOS CULTURALES |
|---|---|---|---|
| 1534 | Nace Fernando de Herrera. | | Boscán traduce *Il Cortegiano*. |
| 1535? | | | Juan Valdés escribe el *Diálogo de la lengua*. |
| 1536 | Muere Garcilaso. | | |
| 1542 | Nace San Juan de la Cruz. | | |
| 1543 | | | Publicación de *Las obras de Boscán y algunas de Garcilaso en cuatro libros* en Barcelona. |
| 1545 | | Comienza el Concilio de Trento. | |
| 1547 | Nace Cervantes. | | Francisco Sánchez, el Brocense, publica anotaciones a Garcilaso. |
| 1550 | Muere Cristóbal de Castillejo. | | |

| | | |
|---|---|---|
| 1554 | | La vida de *Lazarillo de Tormes*. |
| 1556 | Felipe II asciende al trono. | |
| 1557 | Muere Carlos V. | |
| | Muere Gutierre de Cetina. | |
| 1558 | | |
| 1559? | | Aparece la *Diana* de Jorge de Montemayor. |
| 1560 | | Comienzan las fundaciones de Santa Teresa. |
| 1561 | Termina el Concilio de Trento. | |
| | Nace Luis de Góngora. | |
| 1562 | Nace Lope de Vega. | |
| 1563 | Abdica Carlos V. | |
| 1564 | | Se publica la *Diana enamorada* de Gil Polo. |
| 1569 | Muere Gregorio Silvestre. | |

| VIDA DE GARCILASO | ACONTECIMIENTOS HISTÓRICOS | ACONTECIMIENTOS CULTURALES |
|---|---|---|
| 1571 | Batalla de Lepanto. | |
| 1573 | El Greco llega a España. | Sebastián de Córdova publica *Las obras de Boscán y Garcilaso trasladadas en materias cristianas y religiosas* en Granada. |
| 1575 Muere Camoens. Muere Hernando de Acuña. | Portugal se incorpora a España. | Fernando de Herrera publica las *Obras de Garcilaso con anotaciones.* |
| 1580 Nace Quevedo. | | |